수능 상위
0.1%의 비밀

수능 상위
0.1%의 비밀

유리한데이 **이의정** 지음

◆ 공부효율을 100% 올리는 1등급 공부법 ◆

Booksgo

포기하지 않으면
아직 기회는 남아 있다

"열심히 공부해 세 번의 수능 끝에 서울대에 입학했다."

내 이야기를 한마디로 정리하자면 이렇게 쓸 수 있겠다. 하지만 그 안에 숨어 있는 이야기를 풀어보자면 전혀 간단하게 소개할 수 있는 이야기가 아닐지도 모르겠다.

세 번의 수험생활 중 첫 번째였던 고등학교 3학년 때, 입시에 대한 정보가 별로 없어서 모든 것이 막막했다. 주변 친구들은 좋은 학원을 알아보고 생활기록부도 열심히 챙기는데, 나는 입시에 미리 대비하지 못한 채 공부 잘하는 친구들의 뒤꽁무니를 쫓기 바빴다.

지금 와서 생각해보면 당시에 공부를 하면서 나를 이끌어주는 사람이 없어 많이 힘들었던 것 같다. 그래도 공부법과 관련된 여러 책도 보고, 어떻게 해야 효율적으로 공부할 수 있을지 나름대로 길을 찾으려 했다. 그때 얼굴도 제대로 모르는 사람들의 조언이 큰 힘이 되어주었고, 덕분에 힘을 얻고 열심히 공부할 수 있었다.

내가 학생일 때 멘토들의 공부법 덕분에 많이 성장할 수 있었던 만큼, 이제는 내가 좋은 멘토가 되어 길을 알려주고 싶었다. 세 번의 수험생활을 겪은 나이기에 수험생이 얼마나 답답하고 불안한지 누구보다 잘 안다. 그래서 시작하게 된 것이 바로 유튜브 채널 〈유리한데이〉이기도 하다. 유튜브를 운영하면서 내가 당연하게 생각한 기본적인 지식도 어떤 학생에게는 정말 귀중한 정보였고, 내가 전하는 방법을 실천해 학생들이 공부의 어려움을 덜고 성적을 향상시켰다는 이야기를 들으면 그만큼 뿌듯할 수가 없었다. 그리고 이제는 내가 가진 공부법들을 꾹꾹 담은 《수능 상위 0.1%의 비밀》을 출간하게 되었다.

수험생활을 하면서 무너지기도 하고, 세상에 나만 동떨어진 듯한 외롭고 쓸쓸한 기분이 들기도 할 것이다. 누구도 내게 기대나 응원 따위 해주지 않는다고 느낄 수도 있다. 한때 내게 수험생활은 마치 끝이 없는 동굴로 걸어 들어가는 느낌이었다. 하지만 그 캄캄한 동굴 같은 어둠속에서도 부모님과 몇몇 선생님께서 나를 끝까지 믿어주고 응원해주셨는데, 그들이 건넨 작은 기대와 응원이 내게는 너무나 크고 밝게 다가왔다. 그들 덕분에 내가 끝까지 나아갈 수 있다는 희망을 가지고 길고 어려운 수험생활이라는 동굴을 빠져나올 수 있었다고 생각한다.

그때 이후로 나도 누군가에게 가능성을 주고 함께 응원해줄 수 있는 선생님이 되기를 꿈꿨다. 어둡고 절망스러운 이야기보다는 희망과 자신감을 줄 수 있는 사람이 되고 싶었다. 10대는 아직 잠재력이 가득한 원석 같은 존재인데, 이들에게 절망을 이야기하는 것은 너무나 터무니없는 일이라고 생각했다.

우리는 어떠한 모습으로도 변할 수 있는 무한한 가능성을 가진 사람이다. 누군가가 안 된다고 말할 때 당당하게 '나는 충분히 해낼 수 있는 사람이다'라는 것을 보여줬으면 좋겠다. 내가 그랬던 것처럼 말이다.

당연히 성적도 중요하지만 공부를 통해서 성장하는 과정 자체를 경험했으면 좋겠다. 시간이 지나고 보니 내게 정말 큰 영향을 끼쳤던 것은 수능 성적표에 적힌 등급보다는 수능 공부를 하기 위해서 바꿔온 나의 생활 습관과 마인드였다. 자기 합리화의 달인에, 게으른 완벽주의자였던 내가 수험생활을 거친 이후로 핑계를 대지 않고 주어진 일을 착실하게 해낼 줄 아는 사람으로 변해 있었다. 자기 관리도 더 철저히 하게 되었고, 멘탈도 이전보다 훨씬 단단해져 있었다. 이렇게 바뀐 내 모습이 좋았고, 나 자신에게 더 만족할 수 있는 날들을 살기 위해 나는 여전히 꿈을 이뤄가며 원하는 모습에 가까워지는 중이다.

아무도 내가 서울대에 가서, 유튜브를 운영하고, 인지도 있는 강사가 될 것이라고 예상하지 못했다. 남들이 내 인생을 결정할 수 있는 권한은 없다. 내 인생은 내가 바꿔가는 것이고, 나의 가치는 나만이 높일 수 있다. 스스로를 더 사랑하면서 나 자신이 만족할 수 있는 삶을 만들어가기를 바란다.

과정이 쉽지는 않겠지만, 나중에 뒤돌아보았을 때 후회하지 않도록 이 책을 읽은 모두가 저마다 가진 소중한 꿈을 포기하지 않고 이룰 수 있기를 바란다.

유리한데이 이의정

목차

프/롤/로/그

포기하지 않으면 아직 기회는 남아 있다　004

1장　제대로 공부하기로 했습니다

특목고를 다니면 무조건 명문대에 간다고?　014

여기서 자퇴해야 할까?　020

전교 352등, 가고 싶지만 갈 수가 없다　024

공부에 올인해야 했던 고3　032

공부에 좌절했지만 돌고 돌아 결국 공부였다　036

수능을 마쳤지만 대학생이 될 수 없었다　039

공부에 '적당히'는 통하지 않는다　045

독학 재수를 결심하다　048

두 번째 수능을 보다　056

고려대를 중퇴하고 서울대를 꿈꾸다　062

치열했던 삼수 생활　066

세 번째 수능을 마치다　070

실패의 경험은 엄청난 성장을 이끌었다　074

2장 상위 0.1%를 만드는
사소하지만 강력한 공부 습관

아침 일찍 일어나라   080

✎ 아침 집중력을 높이는 방법   084

이루고 싶은 목표를 매일 새기자   086

나만의 계획표를 만들고 스스로 관리하자   092

✎ 성공적인 계획표 세우는 방법   096

노트 정리는 꼭 한 번 하자   102

복습은 선택이 아닌 필수다   105

✎ 3단계 복습법   108

내가 생각한 기준보다 10%씩 더 하자   116

배운 내용을 단권화하라   120

✎ 효과적으로 단권화하는 방법   122

핑계를 대거나 합리화하지 말자   126

독서실이 꼭 정답은 아니다   130

✎ 내게 맞는 공부 장소 찾기   132

목차

3장 상위 0.1%로 향하는 과목별 맞춤 공부법

만점으로 가는 국어 공부법 140

★ 비문학 141   ★ 문학 152   ★ 선택 과목 158

만점으로 가는 수학 공부법 167

★ 개념부터 차근차근 쌓자 168

★ 개념 공부에 문제 풀이를 더하자 171

★ 양과 질을 모두 잡아야 1등급을 완성한다 174

★ 단순 암산을 틈틈이 하자 175

만점으로 가는 영어 공부법 177

★ 어휘 178   ★ 독해 180   ★ 듣기 182

★ 문제 풀이 스킬 183

만점으로 가는 탐구 공부법 185

★ 전체적인 숲을 보자 186

★ 작은 것도 놓치지 말자 187

★ 단권화로 1등급을 만들다 187

4장 수능을 앞둔 수험생의 자세

점수가 오르지 않아도 문제 앞에서 기죽지 말자   192

수능을 위한 몸을 만들자   196

수능 한 달 전 루틴 세우기   200

★ 수능 4주 전   201   ★ 수능 3주 전   202

★ 수능 2주 전   203   ★ 수능 1주 전   204

실전 감각을 극대화하라   206

끝까지 놓지 않으면 결국 잡힌다   209

D-day, 나는 찍어도 맞힌다   213

에/필/로/그

입시밖에 몰랐던 10대를 지나

20대는 새로운 시작이었다   216

1장

제대로
공부하기로
했습니다

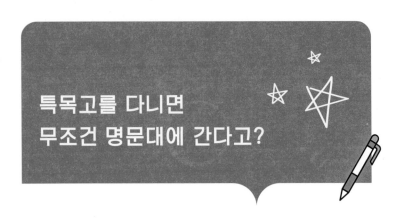

특목고를 다니면
무조건 명문대에 간다고?

　일반적으로 특목고나 자사고를 다니면 명문 대학교에 쉽게 갈 수 있을 것이라고 생각한다. 하지만 사실은 그렇지 않다.

　중학교 시절, 나름 공부도 잘하고 선생님께 칭찬받는 학생이었다. 그 말에 힘입어 외국어고등학교에 입학하겠다고 마음을 먹었다. 당연히 일반고와 비교해 특목고에서의 생활이 어려울 거라 예상했지만 그건 이후의 일이고, 우선 외고에 입학하는 것에 집중하자고 생각했다. 그리고 운이 좋게 원하던 고등학교에 합격했다.

그런데 욕심이었을까. 만약 그때 외고에서의 공부가 얼마나 힘들지 미리 알았더라면 나는 다른 선택을 했을까.

공부라면 어디 가서 빠지지 않는 학생들 사이에서 밀리지 않고 자기 자리를 지켜야 비로소 원하는 대학을 갈 수 있었다. 그런데 나에게는 성적을 높여 상위권으로 올라가기는커녕 제자리를 지키는 일마저도 힘에 부쳤다. 다음 시험에서 지금의 내 위치를 넘겨주지 않고 버티기 위해서는 정말이지 피를 토할 만큼 공부해야 했다.

중학교 때의 실력을 믿고 선행 학습을 하나도 하지 않은 채 외고에 진학한 결과는 절망 그 자체였다. 첫 입학시험에서 꼴등에 가까운 점수를 받은 것이다. 선생님은 물론이고 친구들은 서로의 성적이 어느 정도인지 알고 눈치를 보는 분위기였다. 아무래도 성적을 중요하게 생각하는 학교의 분위기상 1점 차이도 더 예민하게 받아들였던 것 같다. 그런데 같은 학교, 같은 반 친구들에게 첫인상을 심어줄 수 있는 입학시험에서 거의 꼴등을 했으니….

나는 성적이 낮은, 소위 바닥을 깔아주는 학생이었다. 남들이 실제로 어떻게 생각했을지 모르지만 최하위권 점수의 충격에서 벗어나오지 못하던 내게 주변 사람들의 시선은 그렇게 느껴졌다.

어떻게 다시 시작하면 좋을지 갈피가 잡히지 않았다. 중학교 때 영어만큼은 항상 100점을 받고, 다른 과목들도 늘 상위권에 있었는데, 고등학생이 되어 최하위권으로 떨어지니 어떻게 하면 좋을지 눈앞이 캄캄했다.

여러 과목 중에서 특히 영어와 수학은 심각한 수준이었다. 영어 회화 시간에는 할 수만 있다면 교실을 뛰쳐나가고 싶을 정도였다. 서로의 회화 실력을 평가하는 암묵적인 분위기 때문에 내 차례가 되어 발표할 때마다 평가를 받는다는 기분에 불안하고 초조했다. 뼛속부터 한국인인 내게 영어로 말하는 일이란 익숙하지 않고, 누가 들어도 정직한 한국인의 영어 발음이었다. 반면에 같은 반 친구들 중에는 어렸을 때부터 유학이나 어학연수를 다녀온 친구들이 많았다. 수업 시간에 발표할 때면 원어민이라고 해도 믿을 만큼의 유창한 발음에 나는 매번 주눅이 들 수밖에 없었다.

중학교 때만 하더라도 나름 발표하는 것도 즐겼는데, 고등학교에 입학하자마자 발표 공포증이 매우 심해졌다. 시간이 지날수록 불안감이 커져서 점점 남들 앞에서 제대로 말도 꺼내지 못하는 지경에까지 이르렀다. 상태는 나아지지 않고 계속해서 나

빠져 나중에는 영어 회화 시간이면 보건실을 가거나 결석을 했다. 수업을 듣지 않았으니 당연히 내신 등급은 8등급까지 떨어졌다.

하지만 그보다 더한 문제는 자신감이 바닥까지 떨어졌다는 사실과 원래 좋아하던 영어를 매우 싫어하게 됐다는 사실이었다.

수학의 경우에는 문제가 더 심각했다. 수학은 좋아하던 과목도 아니어서 중학교 때도 공부를 제대로 해두지 않았다. 그랬기에 당장 고등학교 1학년 내용을 이해하기에도 무리였다. 반면에 친구들은 고2, 더 나아가서 고3 과정까지 선행 학습을 많이 해두어서 고등학교 1학년 내용이라면 아주 쉽게 풀었다. 학교에서도 학생들의 수준을 고려해 학생들에게 어려운 문제들을 풀라고 내주었다.

친구들과 같이 수업을 듣는데 혼자 이해하지 못하고 멍하니 앉아 있으니, 수업을 듣고 있지만 듣지 않는 것이나 마찬가지였다. 공부를 잘하고 싶었지만, 마음만으로는 성적이 오르지 않았다. 공부를 잘하는 방법도 몰랐고, 어떻게 해야 상위권 친구들처럼 성적이 오르는지 감이 오지 않았다. 고작 평범한 중학교에서 영어 시험 100점을 맞았다고 자만했던 우물 안의 개구리는 그제야 자신이 어떤 위치에, 어떤 환경에 놓였는지 깨달았다.

수업에 적응하기 위해서라도 유명하다는 수학 학원들을 알아보았다. 그런데 학원에서조차 내 수준이 너무 낮아 받아주기 힘들다고 거절했다.

"외고 다닌다는 학생이 이렇게 공부를 못하는 건 처음 봤네."

그 말에 크게 상처를 받았다. '나는 외고 다닐 자격이 없는 건가?'라는 생각에 자존감이 한없이 낮아졌다. 세상이 나를 버린 것 같았고, 나를 짓누르는 현실 앞에 다시 일어설 자신이 없었다. 공부도, 어떤 것도 싫어지고 모두 포기하고 싶은 마음이었다.

성적뿐만 아니라 생활기록부를 관리하는 일도 쉽지 않았다. 친구들은 다양한 활동을 하면서 자신이 원하는 진로에 맞춰 알차게 생활기록부를 준비하고 있었다. 하지만 나는 당장 내신 등급도 너무 낮았다. 내신을 챙기기에도 급급한데 생활기록부까지 신경 쓸 시간이 없었다. 대학을 가는 것이 얼마나 어려운 일인지 고등학교에 입학하고 몸소 느끼게 된 순간이었다.

공부가 힘들었지만, 힘든 점은 공부만 있는 건 아니었다. 한창 친구들과 친해지고 좋은 관계를 형성해야 할 시기인 1학년. 아무래도 공부를 못하다보니 친구들과 어울리기가 힘들었다. 친구들과 수준이 맞지 않아 학원을 같이 다닐 수도 없어서, 같이 다닌다고 해도 수업 내용의 반의 반도 따라가지 못할 게 뻔해서 혼자 떨어져서 공부를 하는 시간이 많았다. 그렇다고 내가 친구들에게 딱히 도움을 줄 수 있는 부분도, 다가갈 만한 연결고리도 없었다. 게다가 종종 친구들과 감정적인 이유로 다투던 적도 있어서 학업에 온전히 집중하기가 어려웠다.

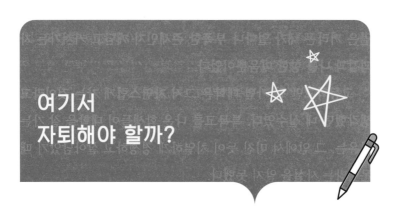

여기서
자퇴해야 할까?

"학교가 없어져버리면 좋겠어."

하루는 집에 가서 소리를 지르며 울었다. 속마음을 알 리 없는 동생은 나를 보며 옆에서 놀려댔지만, 부모님께서는 내가 심각한 상황임을 눈치채시곤 진지하게 자퇴에 대해 말씀하셨다. 실제로 나도 외고에서의 스트레스가 감당하기 힘들 만큼 심해져서 전학을 갈 만한 다른 학교들을 알아보던 중이었다.

억울하고 원망스러웠다. 그토록 가고 싶었던 고등학교였는데, 입학하자마자 온갖 좌절을 겪고 방황만 했으니…. 학교에서 얻은 거라곤 내가 얼마나 부족한 존재인지 깨닫고 커져가는 자괴감과 나를 향한 미움뿐이었다.

고등학교만 잘 가면 대학은 그저 자연스럽게 가는 것이라고 생각했던 내 실수였다. 특목고를 나온 학생들이 대학을 잘 가는 이유는, 그 안에서 미친 듯이 치열하게 경쟁하고 살아남았기 때문이라는 사실을 알지 못했다.

1년 365일 중 300일이 넘는 시간 동안 수없이 자퇴를 고민했다. 마음 같아서는 숨 막히는 외고를 벗어나고 싶었지만, 한편으로 섣불리 자퇴할 수 없었던 이유는 여기서 포기해버리면 아무것도 해낼 수 없을 것 같았기 때문이다. 고등학교 때 주어진 시련도 제대로 극복해내지 못하면 성인이 되고 나서도 패배주의와 같은 부정적인 감정들을 안고 살아가야 할 것만 같았다. 그래서 우선은 할 수 있는 것들을 해야겠다고 다짐했다.

영어와 수학은 친구들과 출발선부터가 달라 성적 격차가 많이 났지만, 국어나 탐구 같은 다른 과목들은 다른 학생들과 출발선이 비슷했다. 그래서 주요 과목이 아닌 다른 과목들부터 열심히 공부해 내신을 챙겨야겠다고 결심했다. '암기는 노력으로 극복할 수 있겠지' 생각하며 시작했다. '수업을 열심히 듣고 정리를 잘해서 외우면 되겠지'라는 믿음을 가졌다.

수업시간에 선생님께서 하시는 말씀을 빠짐없이 모조리 필기하려 노력했다. 그리고 학교에서 나눠준 프린트 내용은 전부 암기하려고 했다.

그런데 정말 무서운 사람은 공부에 재능이 있으면서 동시에 노력도 뛰어나게 열심히 하는 친구들이었다. 나는 하루에 5시간만 공부해도 많이 했다고 생각했는데, 1등인 친구는 하루에 10시간도 넘는 시간을 집중하며 공부했다. 괴물이 아니고서야 믿기지 않았다. 그 친구야말로 한 번 본 내용이라면 전부 기억하는 천재였다. 10시간 동안 어떻게 화장실도 가지 않고 오로지 공부만 할 수 있는 거지?

아무리 노력해도 노력으로 이길 수 없다는 것을 알게 된 후부터는 열심히 공부해보겠다던 의욕도 시들해지기 시작했다. 공부 의욕도 사라지고, 나와 마찬가지로 공부하기 싫어하는 친구들과 어울리게 되었다. 야자 시간이면 책은 멀리하고 그림을 그린다거나 다른 생각을 하며 시간을 날리는 것이 일상이 되었고, 주말에도 보충 학습을 하지 않고 친구들과 놀러 다녔다. 그렇게 친구들과의 격차는 점점 벌어졌다.

1년이 지나 2학년이 되어서도 상황은 비슷했다. 달라진 것이 있다면 서로 1등을 하려고 치열하게 경쟁했던 1학년 때와는 달리 2학년이 되어서는 어느 정도 각자에게 맞는 수준의 공부를 했다. 애초에 1, 2등급을 받는 친구들은 감히 넘볼 수 없는 그들만의 리그라는 인식이 있었다. 3, 4등급을 받는 친구들은 그나마 인간적이었다. 내신 등급에서 채우지 못한 아쉬움을 생활기록부에서 만회하고자 생활기록부 관리를 하는 친구들이 많이 생겼다. 그 아래로 5, 6등급이 넘어간 친구들은 사실상 내신으로 대학에 가는 방법은 포기하고 어느 정도 정시를 생각해야 했다.

하지만 고등학교 2학년 때까지도 내게 수능은 크게 중요하게 와닿지 않았다. 그래서 2학년이 끝날 때까지도 정시 준비는 거의 되어 있지 않았다.

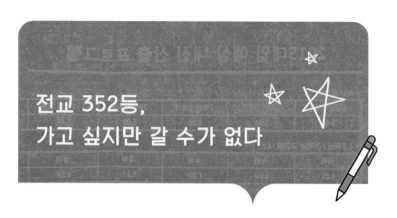

전교 352등,
가고 싶지만 갈 수가 없다

고등학교 2학년 말, 기말고사 성적까지 나오면서 고등학교 생활의 전반적인 결과물과 내신이 어느 정도 나왔다. 결과는 처참했다. 수학과 영어 같은 주요 과목은 7~8등급을 받았고, 다른 과목들은 4~5등급에 머물렀다. 하긴, 2학년 1학기 중간고사에서는 전교 꼴찌라 해도 될 정도로 352등이라는 놀라운 성적까지 받은 전적이 있었다.

그때까지도 안일한 마음으로 '그래도 어떻게든 방법이 있겠지'라고 생각했다. 내신이 낮다면 내게는 정시라는 마지막 카드가 남아 있었다.

2015대입 예상 내신 산출 프로그램

* 학년별 내신

1학년 1학기	1학년 2학기	2학년 1학기	2학년 2학기	1~2학년 전체
5.40	5.04	6.00	5.08	5.38

* 1,2학년 / 전학년 교과별 내신

국어	사회	수학	과학	영어
4.29	6.00	7.00	5.33	6.54
4.29	6.00	7.00	5.33	6.54

고등학교 1, 2학년 내신 성적

　　선생님과 대학 상담을 하는 날이었다. 서울대나 연세대, 고려대학교에 가고 싶다고 말씀드렸다. 선생님께서는 내 말에 조금의 고민도 없이 불가능한 목표라며 눈을 낮춰 진짜로 갈 수 있는 대학을 추려보자고 하셨다.

　　눈물이 났다. 나의 목표가 흘려들어도 되는 쓸모없는 말인 양 무시를 당한 듯해서 억울하고 마음이 아팠다. 지금까지 제대로 공부하지 않은 내 잘못이라지만, 그렇다고 나는 꿈도 꾸면 안 되는 건가? 도대체 원하는 학교는 어떤 사람들이 가는 거지? 세상이 원망스럽고 모든 게 마음에 들지 않았다.

　　하지만 세상만 탓할 수는 없었다. 방황이라는 핑계로 그동안 고등학교 생활을 열심히 하지 않은 내 탓이었다. 결국 이 모든

성적통지표

○○○○○○ 1학기　○○○○○ 2학년　○○○○○ 중간고사 ■반 ■번
이름 : 이의정　　　　　　　　　　　　　　　　담임교사

과목	과목점수	원점수	석차등급	석차(동석차수)/수강자수	과목평균(표준편차)
화법과작문I(4)				145(7) / 376	
수학 I (3)	52.70	53		352 / 376	
세계사(3)				278(2) / 376	
화학 I (2)				209(4) / 376	
중국어문법(4)				41(2) / 94	
심화영어(3)				272(2) / 376	

고등학교 2학년 1학기 중간고사 성적

문제는 내 실력이 부족해서 일어난 일이고, 나는 지금까지 문제를 해결하기 위해 최선을 다한 적이 없었다.

최선을 다하지 않으면서 후회해봤자 모두 핑계일 뿐이라는 생각이 들었다. 그리고 보여주고 싶었다. 모의고사 성적을 잘 받아서, 수능을 잘 치러서 정시로 충분히 좋은 대학에 갈 수 있다는 것을 말이다. 그래서 본격적으로 고등학교 2학년 말부터 정시 준비를 시작했다.

하지만 그동안 손놓고 있던 공부를 시작하려다 보니 쉽지 않았다. 고등학교 1, 2학년 과정도 공부하는 데 힘이 들었다. 그동안 어렵다고 포기했던 공부였는데 이전 학년 과정이라고 해서 절대 쉬울 리 없었다. 완전 밑바닥부터 다시 시작해야 했다. 중학교 과정부터 다시 쌓아가야 했다.

유명하다는 인터넷 강의 사이트를 찾아보고 무작정 가장 유명한 강사의 강의를 들었다. 맛보기 강의를 들어보고 나와 잘 맞지 않을 것 같은 강사는 다른 강의들을 듣고 맞는 강의를 찾아갔다.

인강에는 강사마다 커리큘럼이 있는데, 일반적으로 겨울 방학에는 수능에 대한 기본 개념 강의가 올라온다. 그래서 우선 국어, 영어, 수학, 탐구에 대한 겨울 방학 개념 커리큘럼을 들으며 수능 문제 푸는 방법에 대해 공부했다. 수능에서 어떤 유형이 출제되는지를 파악하면서 예시 문제를 몇 개씩 풀었다. 하지만 수동적으로 인강만 들으면 강의에서 공부한 내용을 온전히 내 것으로 소화하기가 어려웠다. 그래서 배운 내용에 해당하는 문제를 풀면서 복습할 시간이 필요하다고 생각해 전 과목 기출 문제집을 사서 풀어보며 어떤 유형이 수능에 출제되는지 살폈다. 해설지가 잘 되어 있는 교재가 좋을 것 같아서 당시에 인기가 많았던 교재를 구매했다.

국어나 영어는 그래도 중학교 때 공부하던 감각이 남아 있어서 인강으로 문제 유형을 공부하고 나면, 그 유형에 해당하는 문제들을 풀 수 있었다. 하지만 수학은 인강을 이해하는 데에도 버거워서 학원을 다니면서 공부했다. 자존심은 상했지만 고1 과정 수업부터 다시 시작해야 했다. 그러면서 고3 수능 인강이 아니라 고1 전용 인강으로 개념 이해를 보충했다.

고1 과정이 직접적으로 수능 범위는 아니었기 때문에 문제를 많이 풀지는 않았다. 고1 범위 개념을 한 번 공부한 다음 각 유형에 해당하는 문제를 10개 정도 푸는 것으로 만족했다. 갈 길이 멀었기 때문이다. 고1 과정 말고도 고2, 고3 개념도 방학 동안 적어도 한 번은 보려면 시간이 부족했다.

고1 개념을 모두 훑고 문제를 푸는 데까지 2주 정도의 시간이 걸렸다. 방학인 점을 감안했을 때 학기 중일 때보다 공부할 수 있는 시간이 두 배는 많았기에 가능했다.

고1 개념을 끝내고 고2 개념 인강도 바로 수강해서 듣기 시작했는데, 한 학년이 올라가고 나니 이해되지 않았던 부분들이 더 많이 생겼다. 그럴 때에는 이해되지 않는 부분의 인강을 두세 번씩 돌려보면서 복습했다. 그럼에도 이해되지 않는다면 친구나 학교 선생님께 질문해서 절대로 모르는 채로 문제를 넘어가지 않는 습관을 길렀다. 그리고 인강을 듣고 나면 수학 기출 문제집을 이용해서 방금 배운 부분에 해당하는 문제들을 풀었다. 보통 하루에 20문제 정도 푸는 것을 목표로 공부했다. 이 밖에도 국어, 영어 문제집도 구매해 방학 동안 평균 두세 권씩을 풀었다.

국어, 영어의 경우 겨울 방학 때 참고해야 할 문제집은 기출 문제집과 EBS 교재다. 내가 첫 수능을 봤던 때는 지금보다 EBS

직접 연계 비율이 더 높았기 때문에 EBS는 반드시 봐야 했다. 국어는 EBS 교재에 나오는 문학 작품들을 미리 분석해 문제를 푸는 연습을 했고, 영어는 EBS 교재에 나오는 지문을 모두 해석해 해당하는 문제들을 풀었다. 나아가 미리 작품이나 지문을 암기해두면 학기 중에 암기 부담을 줄일 수 있어서 암기할 수 있는 것들은 시간이 날 때마다 그때그때 암기해두었다.

국어의 경우 기출 문제집을 비문학과 문법 위주로 보는 것이 효율적이라고 생각했다. 문학은 한 번 기출되었던 작품이 다시 출제되는 경우가 많지 않기 때문이었다. 비문학도 똑같은 지문이 다시 출제되지는 않지만, 수능 지문은 정교하게 짜인 글이라 분석하기가 좋을 것이라 생각했다. 그래서 하루 세 지문 정도 비문학을 풀었고, 문법은 이틀 간격으로 20문제씩 풀었다.

그나마 다른 과목들보다 국어가 조금은 수월하게 느껴지긴 했지만 처음에 비문학을 어떻게 접근해야 할지 감이 잘 잡히지 않았다. 그래서 독해 방법과 관련한 인강을 참고하고, 독해 방법에 대한 책을 찾아보기도 했다. 하지만 이 방법도 되돌아보면 그렇게 크게 도움이 된 것은 아니었다. 결국 스스로 글을 읽으며 내용을 이해하고, 구조화해서 문제를 풀어보는 편이 훨씬 도움이 되었다. 처음 보는 비문학 지문은 누구에게나 당연히 어렵기 때문에 우선 쉽게 풀리는 분야의 지문부터 해석하는 연습을 해주었다. 이후에는 점점 난이도와 분야를 넓혀가며 비문학 감각을 익혀갔다.

문법은 개념을 익히지 않으면 문제가 풀리지 않아서 우선 개념 인강과 개념서로 개념 공부를 시작했다. 처음 문법을 공부할 때 모든 내용을 이해하기란 쉽지 않아서 우선 1회독을 해준다는 느낌으로 가볍게 문법에 어떤 내용이 있는지 훑어보았다. 그리고 기출 문제를 풀었는데, 역시나 많이 틀렸다. 그래서 오답 정리를 하면서 틀린 유형에 해당하는 부분을 계속해서 다시 공부했다.

탐구 과목도 이때쯤 공부를 시작했다. 수능 선택 과목으로 '사회 문화'와 '생활과 윤리'를 선택해서 어느 정도 개념 공부를 해두어야겠다고 생각했다. 사회 탐구 과목은 선택할 수 있는 과목 종류가 매우 많은데, 그중에서도 '사회 문화'와 '생활과 윤리'를 선택한 이유는 두 가지였다. 공부량이 다른 사회 탐구 과목과 비교해 적었고, 상대적으로 내용 이해도 쉬운 편이었다. '세계 지리'나 '한국 지리'는 지리를 좋아하는 학생들이라면 무조건 선택하는 과목이겠지만 그렇지 않은 나에게는 암기해야 하는 양이 많고 어려운 과목이었다. '동아시아사'나 '세계사'와 같이 역사에도 크게 관심이 없었기에 선택지에서 제외했다. '경제'나 '정치와 법'은 이미 상위권 학생들이 많다고 들어서 선택하지 않았다. '사회 문화'를 대신해서 '윤리와 사상'을 선택할까 싶기도 했지만 난이도가 높다고 하여 무난한 과목인 '사회 문화'를 고르게 되었다. 게다가 '생활과 윤리'와 '사회 문화'는 많은 학생이 선택하는 탐구 과목이라 등급 컷도 안정적으로 나오는 편이었고, 시중에 기출 문제집도 많이 있어 공부하는 데 나을 것이라 판단했다.

처음에는 국어와 영어, 수학 공부를 하면서 탐구 두 과목을 모두 보는 게 버거워서 '사회 문화' 위주로 공부했다. 겨울 방학 특강으로 일주일에 두 번씩 학원을 다니며 수업을 듣고 수업 내용을 놓치지 않으면서 숙제를 해가는 정도로 만족했다. 물론 수업에서 개념 설명과 기출 문제를 많이 다뤄주어 도움이 많이 되었다. 하지만 이후에는 인강을 들으며 혼자 기출 문제집과 EBS를 풀고 오답 정리하는 시간을 가지면서 실력을 키웠다. 되돌아보면 이 방법이 조금 더 내게 효과적이었던 것 같다.

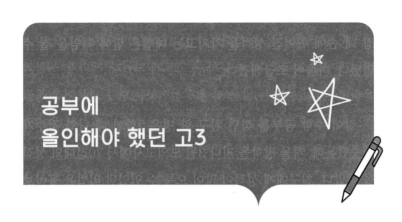

공부에
올인해야 했던 고3

고2 겨울 방학이 지나고 고3이 되어 처음으로 3월 모의고사를 봤다. 나름 남다른 각오로 겨울 방학 동안 열심히 공부했으니 어느 정도 좋은 성적이 나올 거라고 기대했다.

결과는 당황스러웠다. 지금까지 이렇게 공부했던 적이 있었나 싶을 정도로 노력했는데, 수학에서 48점의 점수를 받았다. 2년 동안 손을 놓았던 공부를 두 달 공부한다고 해서 성적이 갑자기 내가 원하는 만큼 오를 리가 없었다.

내신 성적을 기대할 수 없는 내게 길은 정시밖에 없는데… 정시로 대학을 가겠다고 주변에 떳떳하게 얘기까지 해놨는데, 당장 내 손에 쥐어진 성적을 가지고는 내뱉은 말에 책임을 질 수 없었다. 마음이 조급해졌다.

같이 수학 공부를 하던 친구 한 명은 2학년 때 나와 점수가 비슷했는데, 겨울 방학을 지나 3월 모의고사에서 70점대의 성적을 받았다. 친구에게 성적이 많이 오를 수 있었던 비법을 물어보았다.

비법은 의외로 단순했다. 내가 방학 때 300문제를 풀었다면, 친구는 700문제를 풀었다고 했다. 나보다 두 배 이상의 노력을 더 기울였으니 더 높은 점수가 나올 수밖에 없었다. 특히 수학은 문제를 많이 풀수록 성적이 오를 확률이 높았다. 노력한 만큼 점수로 돌아오는 과목이 바로 수학이었다. 친구의 이야기를 듣고 나니 결국 성적이 원하는 만큼 나오지 않았던 원인은 나의 노력 부족이었음을 다시 한 번 인정해야 했다.

겨울 방학 때 했던 공부량보다 두 배 이상으로 공부해서 6월 모의고사 때까지 성적을 올려야겠다고 목표를 다시 설정했다.

3월 모의고사를 치른 후인 4월과 5월은 거의 모의고사 공부로 시간을 쏟았다. 수학 인강은 세 번 이상 반복해서 들으며 일주일에 평균 500문제 이상의 수학 문제들을 풀었다. 수학뿐만 아니라 국어도 모의고사를 보니 점수가 들쑥날쑥했다. 점수를 안정적으로 만들기 위해 제대로 된 공부를 시작하기로 했다. 유형별로 문제 푸는 방법을 익히고, 제대로 지문을 이해하려 노력했다. 근거를 찾기 전까지는 몇 번이고 반복해서 문제를 봤다. 영어 단어는 평소 하루에 10개씩 외웠다면, 이때는 하루에 30개 이상을 외우고 EBS 지문도 하루에 5개 이상 외우려 했다.

　같이 정시 준비를 하던 친구와 누가 아침에 학교에 1등으로 도착하는지 내기하기도 했다. 내기를 하니 아침에 더 의욕적으로 일어나게 되었고, 나와 친구는 엎치락뒤치락하며 1등으로 교문을 통과해 누구보다 먼저 공부를 시작했다. 또 하나, 쉬는 시간에 자리에서 일어나지 않고 누가 더 오랫동안 공부하는지를

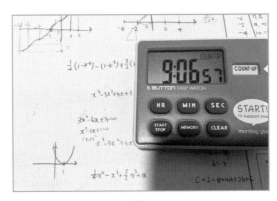

수학 문제 풀이와 공부 기록

내기하기도 했다. 확실히 경쟁자가 있으니 자극도 되고, 더 열심히 공부할 수 있게 만드는 원동력이 되어주기도 했다.

대망의 6월 모의고사, 결과는 만족스러웠다. 국어와 영어에서는 1등급을 받았고, 수학은 84점으로 올랐다. 3개월 만에 48점이라는 점수를 뒤집어 84점을 받은 것이다. 사회 탐구는 좋은 점수를 받지 못했는데, 아무래도 그동안 다른 과목에 더 집중하느라 신경을 쓰지 못해서 개념 자체가 부족한 탓이었다. 방학 때는 탐구 과목을 많이 보완해 다음 시험에서는 점수를 높여야 했다.

높은 점수를 받는 것이 중요하겠지만, 높은 점수를 받기 위해 공부하는 과정에서 알게 된 점은 많은 시간을 투자할수록 성적이 오른다는 사실이었다. 특히 수학이나 탐구는 특정 개념에 대한 문제가 출제되는 과목이다. 그래서 기출 문제를 많이 풀어볼수록 각각의 개념들이 어떻게 문제에 적용되어 나오는지 감각이 생겼다. 그동안 문제를 많이 풀어보지 않았기 때문에 과목당 한 권을 목표로 잡더라도 문제를 다 풀고 오답 정리까지 해서 완전히 한 권을 떼는 데만 해도 한 달이 조금 넘게 걸렸다.

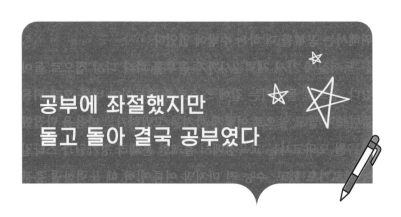

공부에 좌절했지만
돌고 돌아 결국 공부였다

대한민국의 수험생들이 그렇듯 입시를 위해 공부에 매진하지만 모두가 결과를 보며 웃을 수 있는 것은 아니다.

7월 모의고사에서 바라던 만큼의 성적을 받지 못해 좌절의 시기가 찾아왔는데, 수학 점수가 다시 69점으로 떨어지고 말았다. 착잡한 마음에 무작정 집을 나가 발길이 닿는 대로 걸었다. 이대로라면 서울대학교 입학은 물 건너간 셈이었다.

두 시간 정도 길거리를 배회하다 발길이 멈춘 곳은 결국 책상 앞이었다. 다른 방법이 없었다. 점수가 낮으니 점수를 올리기 위해서는 공부를 더 하는 수밖에 없었다.

독서실에 가서 새벽 2시까지 공부를 하다 다시 집으로 돌아 갔다. 집으로 돌아가는 길에 스스로를 다독이며 너무 오래 뒤를 돌아보지 말고 앞으로 어떻게 할지를 고민하자고 마음을 다잡았 다. 7월 모의고사는 교육청에서 출제한 문제라 평가원과 스타일 이 다르기도 했고, 수능 전 마지막 여름 방학 때 노력하면 충분 히 극복할 수 있을 거라고 믿었다. 여전히 마음 한편에는 불안한 마음이 자리 잡고 있긴 했지만 '절망하는 건 오늘 딱 하루로 끝 내자' 싶었다. 너무 오래 어두운 감정에 빠져 있지 않고 돌고 돌 아 다시 책상 앞에 앉았다는 건 그만큼 공부를 하면서 멘탈이 단 단해져 있다는 뜻이기도 했다.

부족했던 탐구 과목은 인강을 듣고 반복해서 기출 문제를 푸 는 것이 성적 향상에 가장 효과적이었다. 그래서 방학 때 전 과 목을 기출 문제 풀이 위주로 하며 부족한 부분을 채워갔다. 이 때 수학 문제를 일주일에 1,000문제씩 풀었다. 지금까지 인생을 살면서 가장 치열하게 노력했다고 꼽을 수 있을 만한 시기였다. EBS에 나온 국어, 영어 지문들은 한 줄만 봐도 전체 지문을 다 외울 정도로 보고 또 보며 숙지했다. 기출 문제도 2회독 이상 하 면서 문제 유형에 대한 대비를 철저하게 했다.

3학년 2학기가 되고 본 첫 모의고사인 9월 모의고사에서 전반적으로 만족스러운 결과를 받았다. 국어 시험은 100점을 받았고, 수학도 1등급을 받았다. 다른 과목들도 이전과 비교해서 성적이 올랐다.

자신감을 가지고 막판 스퍼트를 냈다. 9월부터는 수시를 준비하는 친구들이 많아서 학교 분위기가 어수선했지만 분위기에 휩쓸리지 않고 집중력을 잃지 않도록 노력했다. 내가 다른 친구들에 비해 공부를 늦게 시작해서인지 오히려 후반에 달릴 수 있는 힘이 남아 있었던 것 같기도 하다.

10월에는 그동안 공부한 내용들을 전반적으로 정리하며 실전 모의고사 문제를 많이 풀었다. 첫 수능을 앞둔 시점이었지만 담담했고, 자신이 있었다. 남들이 말하기를 일생에 정말 중요한 시험이라고 하지만 그건 남들의 이야기였다. 수능이라는 시험을 처음 치르기도 하고 그래서 잘 몰랐기 때문에 더 용감할 수 있었다. 수능 전날까지도 막연한 기대감에 부풀어 혹시 수능 만점을 받게 되면 어떻게 인터뷰할지 터무니없는 상상을 펼치기도 했다. 그동안 만점을 받아본 적도 없으면서. 다음 날 무슨 일이 벌어질지도 모르고.

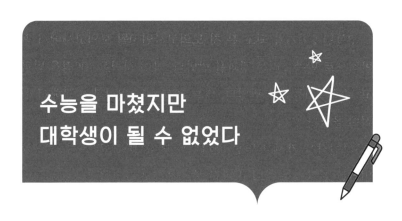

수능을 마쳤지만
대학생이 될 수 없었다

대망의 수능 시험날, 그동안 공부했던 모든 것을 평가받는 날이었다. 그전까지 시험을 앞두고 긴장감이 없었는데 막상 시험이 코앞에 다가오고 나니 무척 떨렸다.

1교시 국어 영역은 그래도 자신 있는 과목이었기 때문에 평소 실력대로 보면 된다고 마인드 컨트롤을 했다. 그런데 시험지를 받고 보니 너무 당황스러웠다. 글자가 눈에 하나도 들어오지 않았다. 게다가 지금까지 봐왔던 모의고사 난이도와 비교했을 때 수능 문제가 갑자기 어렵게 출제되어서 난이도 적응도 되지 않았다. 평소라면 20분 내로 풀었을 화작문(화법, 작문, 문법) 파트도 30분이 넘게 걸렸다. 비문학 지문 내용은 거의 이해가 되지 않았다.

그동안 이날을 위해 준비해온 것들이 모두 물거품이 되는 듯했다. 너무 당황스러워서 오히려 아무 말도 나오지 않았다. 아마 감으로 찍은 문제가 대여섯 문제는 되었을 것이다.

이게 수능인가? 아무리 생각해도 그간의 모의고사보다 훨씬 어렵게 문제가 출제되었고, 그동안 모의고사를 풀었던 느낌과 너무 달랐다.

나만 이렇게 어려웠던 건가 싶어 1교시 국어 영역이 끝나고 같은 고사장에 있던 친구들에게 시험이 어땠냐고 물어봤지만, 친구들은 별다른 대답을 하지 않았다. 이후에 친구들이 말하기를 자신도 시험이 어려웠지만 차마 자기 입으로 너무 어려웠다고 말하면 멘탈이 흔들릴까 봐 말을 아꼈다고 했다.

그래도 찍은 문제는 다 맞혔을 거라고 위로하며 다음 과목인 수학 영역을 봤다. 확실히 1년 동안 수학에 집중했다고 해도 과언이 아닐 만큼 노력한 결과가 빛을 발하듯 문제가 평소보다 쉽게 풀렸다. 문제를 풀고 시간이 남아서 평소라면 풀지 못했던 최고난도 문제인 30번 문제도 풀어보았다. 내가 풀어낸 답이 정답일 것이란 확신은 없었지만, 그래도 수학에서 큰 실수는 없는 것 같았다. 그렇게 어느새 점심시간이 되었다.

점심시간 이후 영어와 사회 탐구 시험은 어떻게 봤는지 기억이 잘 나지 않는다. 국어, 수학 시험을 보고 난 충격이 오후까지 이어져서 정신이 없었다.

영어는 무난하게 봤지만, 문제는 탐구였다. 당시에는 한국사가 필수 과목도 아니었지만, 서울대에 지원하고자 하는 친구들이 필수로 봐야 하는 과목이었다. 그만큼 변별력을 갖춰야 했기 때문에 굉장히 어렵게 출제되었다. 한국사 시험을 보고 나서는 피를 토하는 기분이었다.

모든 시험이 끝나고 학교 운동장을 나서면서 생전 처음 느껴보는 감정이 밀려왔다. 해가 저물 무렵의 운동장은 생각보다 한산했다. 1년 동안 준비한 모든 것이 오늘 하루 만에 전부 끝났다고 생각하니 허무하기도, 후련하기도 했다. 쌀쌀한 바람에 마음이 시렸지만, 왜 마음이 시린 것인지는 정확하게 설명하기가 어려웠다.

학교 정문 너머로 엄마의 모습이 보였다. 엄마의 얼굴을 보자마자 그동안 같이 마음고생 하셨을 것이 생각나 울컥 눈물이 쏟아질 것 같았다. 숨을 한 번 후 내쉬고 차오르는 눈물을 꾹 참아냈다. 오늘 하루 내 걱정만 하고 있었을 엄마에게로 뚜벅뚜벅 걸어갔다. '괜찮을 거야. 크게 실수한 건 없었을 거야.' 크게 실수한 것 없이 잘 봤을 거라고 생각하며 집에 가서 밥을 먹고 차분하게 채점을 해야겠다며 집으로 향했다.

차라리 그때 시간이 멈춰버렸다면 어땠을까. 이게 진짜 내가 푼 답이 맞나 싶었다. 국어 시험지를 몇 번을 다시 보고 채점해 봐도 오답, 오답이었다. 초반부터 연달아 여러 문제를 틀렸고, 찍었던 문제마저 전부 오답이었다. 예상보다 점수가 너무 안 나와서 당황스러웠다. 분명히 9월 모의고사 때는 다 맞았는데… 그때 자만해서 국어 공부를 많이 하지 않았던 것이 실수였다. 그 탓에 고난이도 문제에 대한 대비가 전혀 되어 있지 않았다. 국어를 채점하고 나니 나머지 과목은 채점하고 싶은 마음이 싹 사라졌다.

가족들의 얼굴을 차마 마주할 수 없어서 방문을 닫고 한참을 울었다. 그치고 싶어도 눈물이 멈추지 않았다. 그대로 세상에서 사라지고 싶은 기분이었다. 너무나도 힘들었던 고등학교 3년간의 대가는 처참한 결과로 돌아왔고, 나라는 사람은 정말 보잘 것 없는 사람이라는 생각이 들었다. 막막하고 답이 보이지 않았다. 열심히 공부한다고 했지만 세상의 문은 왜 이렇게 높기만 한 건지 원망스러웠다. 도대체 무슨 자신감으로 좋은 성적을 받을 수 있을 거라고 생각했던 건지, 나 자신이 너무나 미웠다.

　더 이상 눈물이 나오지 않을 때까지 울음을 쏟아내고 나서야 정신이 조금 들었다. 퉁퉁 부은 얼굴로 다시 펜을 들었다. 이어서 수학을 채점했다. 그런데 이게 무슨 일이지? 기적처럼 수학에서 100점이라는 점수를 받았다. 다른 과목을 조금 포기하고서라도 수학에 올인했던 보람이 수능에서 보란 듯이 결과로 증명되었다. 영어와 탐구 과목도 무난하게 점수가 나왔지만, 그렇다고 썩 좋은 성적도 아니었다.
　모든 시험지를 채점하고 나서, 결과적으로 원하는 대학을 가기에는 부족한 성적이 나왔다.

　만약 수학까지 점수가 안 나왔더라면 정말 대학 입시를 포기했을 수도 있었다. 하지만 수학에서 아주 조금의 희망을 보고 나서 순간 머릿속에서 '재수'라는 단어가 스쳐 지나갔다. '수학 공부를 했던 것처럼 다른 과목도 열심히 하면 성적이 많이 오를 수 있지 않을까?', '1년만 더 공부하면 원하던 학교에 갈 수 있지 않을까?' 하는 약간의 기대감이 일었다.

　과연 내가 잘할 수 있을지 없을지 일주일 정도를 고민하고 또 고민했다.

'어차피 지금 성적에 맞춰 갈 수 있는 대학에 간다고 한들 만족하지 못할 게 뻔해!'

과감히 재수에 도전하겠다고 마음먹었다.

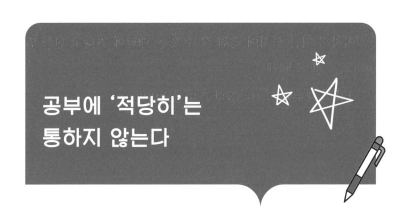

공부에 '적당히'는
통하지 않는다

재수하겠다고 마음을 먹었지만 쉽지 않은 결정이었다. 1년이라는 시간을 투자해야 하고, 그에 따르는 비용도 만만치 않았다. 최대한 부모님께 부담을 드리지 않고 혼자 헤쳐 나가고 싶었다. 그래서 우선 스스로의 가능성을 확인하기 위해 도서관에 가서 책을 읽으며 다시 공부를 시작했다. 수능이 끝난 후인 12월부터였다.

학교라는 틀에 얽매이지 않고 처음으로 여유로운 시간을 가지며 공부하니 그동안 얼마나 여유가 없었고, 좁은 시야에서 공부하고 있었는지 깨달았다. 수능이라는 틀을 넘어 공부란 무엇인지 그 자체에 대한 생각을 다시 하게 되었다. 세상에는 배울 것이 너무나 많았고, 나는 고등학교 생활 이외에는 아무것도 모르는 어린애였다.

'그래, 배움이 많이 부족했다. 더 공부하자.'

이를 악물고 새로운 마음으로 전 과목을 고3 수능 기초 개념 인강부터 듣기 시작했다. 비록 이전에 배웠던 내용이지만 처음 배우는 내용이라고 생각하면서 겸손한 자세로 공부했다. 신기하게도 배웠던 내용을 처음부터 다시 새롭게 공부하니 그 전에는 보이지 않던 것들이 보이기 시작했다.

평소에는 인강 내용을 70% 정도 이해했다면, 다시 들었을 때는 90% 이상 이해되는 기분이었다. 선생님께서 수업 중 지나가면서 하시던 말도 어떤 맥락에서 나온 말인지 이제야 이해가 되었다. 예를 들어 수학에서 선생님께서 '접점'이 중요하다고 많이 강조하셨을 때, 이진에는 단순히 지식을 받아들이기만 했다면 다시 공부를 하고 나서는 접점이 어떤 면에서 중요한지를 이해하고 넘어갈 수 있게 되었다. 도형이 나오는 문제나 그래프와 관련된 문제라면 대부분 접점이 생기는 곳을 활용해서 문제를 풀어야 했기 때문이다.

그래서 첫 수능을 끝낸 후 맞이한 겨울 방학 때는 수능 개념을 다시 한 번 살피고 놓쳤던 부분을 다시 잡자고 계획했다.

또한 첫 수능을 보고 깨달은 점이 있었다. '적당히 공부해서는 절대 원하는 결과를 얻을 수 없다'는 것이었다. '1등급만 받아야지!'라는 생각으로 공부해서는 절대 1등급을 받을 수 없었다. 100점을 받기 위해 죽도록 노력해야만 1등급이 나왔고, 120점을 받기 위해 극한까지 갈고 닦아야 100점이 나왔다.

무엇보다 실전에서는 핑계가 통하지 않았다. 모의고사를 볼 때는 실수가 용납될지 몰라도 수능에서는 실수란 용납되지 않았다. 실수로 틀렸다고 해도 그게 곧 내 점수였고, 그 점수로 대학에 가야 했다. 대학 입학처에 가서 실수로 틀린 거라고 말해봤자 바뀌는 것은 없다. 결국 실수도 실력이고, 때문에 실전에서는 어떤 실수도 해서는 안 됐다.

첫 수능을 치르고 깨달은 이 중요한 사실들을 마음 깊이 새기며 재수를 할 때는 절대로 어떤 핑계도 대지 말아야겠다고 다짐했다.

독학 재수를
결심하다

2월 전까지는 도서관에 다니며 책도 많이 읽고, 인강을 들으며 공부했다. 고3 때는 수학 진도를 나가느라 다른 과목을 돌아볼 여유가 없었지만, 수능을 끝내고 나서 시간 여유가 생긴 만큼 전 과목 개념을 한 번씩 다 살펴볼 수 있었다.

고등학생 때부터 혼자 공부하는 스타일이어서 이 시기에도 혼자 공부하면서 인강을 자주 참고했다. 겨울 방학이면 개념 강의로 선생님마다 커리큘럼이 나왔다. 이때 커리큘럼만 잘 따라가도 성공이었다.

인강에는 보통 교재가 같이 있어서 전 과목 겨울 방학 커리큘럼만 시간에 맞춰 들어도 빠듯했다. 2월 이후면 본격적으로 다음 수능을 위해 달려야 하니까 방학 기간에는 힘을 비축해야 했다. 그래서 계속 공부만 하기보다는 조금은 여유를 가지고 일상생활도 챙기고 하루를 보냈다.

재수는 장기전이기 때문에 체력 관리도 매우 중요했다. 선천적으로 체력이 약한 편이어서 여유가 있을 때면 주기적으로 한의원에 다니면서 침을 맞거나 아침 시간에 달리기를 하면서 체력을 키웠다. 달리기를 하면서 체력을 키우기도 했지만 정신이 맑아지는 느낌이 좋았다. 이 외에도 홈 트레이닝과 필라테스를 하기도 했다. 친구들과 만나서 술을 먹을 시간에 운동을 하고 규칙적인 생활을 하려 노력하니 정말로 몸이 가뿐해지고 건강이 많이 좋아졌다.

2월이 되고 본격적인 공부에 들어가기 위해 독학 재수학원을 신청했다. 재수 종합학원을 다닐지, 독학 재수학원을 다닐지 사이에서 많은 고민이 들었다. 아무래도 재수 종합학원의 수업을 잘 따라갈 자신이 없기도 했고, 학원 친구들과 어울리면서 공부에 방해가 될 수도 있을 거라는 판단에 우선 혼자 해보기로 결심했다. 아예 학원을 다니지 않고 독학을 해볼까 하는 생각도 해봤지만, 공부 습관을 제대로 잡기 전까지는 괜히 혼자 했다가 이도 저도 안 될 것 같아 제대로 관리해줄 수 있는 학원을 알아보았다. 적어도 학원을 다니면 제시간에 일어날 것이고, 학원에서 영어 단어 시험 같은 것들도 매일 보니까. 이렇게 강제로라도 공부해야만 하는 환경을 만들지 않으면 조그만 일에도 쉽게 흔들리고 수험생활을 포기하고 말 나임을 누구보다 잘 알고 있었다.

처음 찾아갔던 독학 재수학원은 시설이 그다지 좋지 않았다. 내가 기대했던 체계적인 관리가 이루어지지 않았고, 무엇보다 학원 친구들이 공부를 열심히 하는 분위기가 아니었다. 친목 도모보다는 공부에 집중할 수 있을 것이라 기대하고 독학 재수학원을 선택했는데, 오히려 혼자 공부하는 친구들이 많다 보니 쉬는 시간이 되면 서로 말을 걸며 외로움을 달래는 분위기였다.

적어도 2개월 동안은 계획했던 공부를 다 하겠다고 열심히 공부에 집중했다. 하지만 시간이 지날수록 점점 분위기가 느슨해졌다. 어느 날 한 친구가 내게 명문대를 목표로 한다면서 왜 여기에서 공부를 하냐고 물어보았다. 그 말을 듣고 갑자기 회의감이 들었다. 유유상종이라는 말처럼 내가 속한 무리에 따라 생각과 가치도 비슷해진다고 하는데, 주변 친구들이 치열하게 공부하지 않으니 나까지 같이 느슨해질 것 같았다. 곧장 학원을 그만두었다.

첫 독학 재수학원을 그만두고 교육열이 치열하다고 하는 대치동에 있는 학원을 알아보았다. 학생 수가 그렇게 많지 않고, 체계적으로 관리를 해줄 수 있는 곳으로 신중하게 학원을 선택했다. 환경이 바뀌니 초반에는 다시 공부할 의욕이 생겼다. 학원에서도 내가 공부하는 모습을 모니터링해주면서 내게 맞는 공부 계획을 조언해줘서 좋았다.

그런데 4월이 되자 추운 겨울도 물러가고 날이 따뜻해지니 점점 잠이 많아지기 시작했다. 6월 모의고사까지도 기간이 조금 남아 있어서 열심히 하려는 의지가 자꾸만 약해졌다. 잠은 계속 밀려오고, 심지어 학원 선생님의 모니터링을 피해서 잠을 자는 꼼수까지 생겨버렸다. 어떤 날은 인강을 틀어놓고 하루 종일 멍을 때리기도 했다. 그러다보니 점점 순공부 시간이 줄어들었다. 그전까지만 해도 하루에 10시간은 공부하는 것을 목표로 세워서 지켰는데, 집중력은 떨어지고 공부 시간도 줄어들면서 최악의 경우에는 하루에 한 시간 정도밖에 공부하지 않는 지경까지 이르렀다.

결국 그 상태로 6월 모의고사를 봤다. 6월 모의고사는 학원에 신청을 해서 보게 되었다. 오랜만에 시험을 보게 되니 수능에 대한 두려움이 다시 몰려왔고, 긴장을 해서 평소보다 실력 발휘를 하지 못했다. 아니, 사실 다 핑계였다. 6월 모의고사까지 최선을 다해서 공부하지 않았다. 그러니 당연히 시험을 잘 봤을 리 없었다. 작년 수능 성적과 비교해 크게 달라지지 않은 점수였다.

이후 한 번 더 학원을 옮기면서 같은 교실에서 공부하는 친구들의 분위기는 어떠한지, 공부하기 편한 시설을 갖추고 있는지 꼼꼼히 따졌다. 이외에도 학원에서 주기적으로 시험을 보는지, 좋은 단과 강의를 하는지 등의 조건을 따졌다. 모든 조건을 따진 뒤 최종적으로 마음에 드는 학원을 선택해 여름부터 다시 제대로 공부하기 시작했다.

6월 모의고사 이후부터는 정말 열심히 공부에 집중했다. 덕분에 마지막으로 옮겼던 독학 재수학원에서는 상위권 반에 갈 수 있었다. 공부를 잘하는 친구들이 정말 많았고, 다들 치열하게 공부하는 분위기였다. 인강 사이트를 제외하고 모든 인터넷 사이트가 차단되었고, 감시가 엄격했던 편이라 오직 공부에만 집중해야 했다.

재수 생활의 묘미는 고3 때 놓쳤던 것들을 다시 찾는 데에 있다고 생각한다. 재수를 하고 수업을 들으면서 이전에는 몰랐던 부분들을 다시 들으니 그제야 이해가 되고, 더 많은 문제들을 풀

일주일 공부한 것들을 정리한 기록

수 있었다. 자주 출제되는 유형에 대한 감도 오기 시작했다. 확실히 공부를 하면 할수록 실력이 쌓였다.

또한 하루하루 계획을 세워서 계획표에 맞게 알차게 시간을 보내고 나니 자신감과 자존감이 올라갔다. 24시간을 꽉 채워서 보내고 나면 뿌듯하고 기분이 좋았다.

정말 기계처럼 공부하던 때였다. 기계처럼 공부한다는 말이 안 좋게 들릴 수도 있지만, 아직 나는 스스로 철저하게 자기관리를 할 수 있는 정도가 아니었기 때문에 어느 정도의 제한이 필요했다. 정해진 시간에 화장실을 가고, 수능 시간표를 고려해 낮잠 시간을 정해두며 컨디션 관리도 했다. 그래도 "수험생은 인간이 아니라 기계야"라는 학원 선생님의 말을 들으면 속상하고 마

음이 아팠다. 수험생도 인간인데, 공부만 해야 한다니. 대한민국
수험생의 뼈아픈 현실이기도 했다.

　가끔 공부가 안 될 때는 학원 근처로 나가 바람을 쐬며 음악
을 들었다. 마치 드라마 속 비련의 여주인공인 것처럼 쓸쓸한 기
분을 느끼며 혼자만의 시간을 즐겼다. 평소라면 학원에서 주는
급식을 먹었겠지만, 기분이 꿀꿀하고 가라앉을 때는 맛있는 식
당에 가서 혼밥을 즐기고 기분 전환을 하며 스스로에게 잠깐의
여유를 선물해주었다.

　독학 재수의 장점 중 하나는 자신을 살펴볼 시간이 많다는
것이다. 하루 종일 누구와도 이야기하지 않고 앉아서 입에서 단
내가 나도록 공부만 하는 것은 굉장히 어려운 일이다. 미치도록
외롭기도 했고, 답답하기도 했다. 특히 첫 수능에서 좌절을 겪고
마음속에 상처가 아물지 않
았다. 친구들은 대학을 가서
재미있게 놀고 있는데 나만
뒤처져 있는 것 같았고, 그저
빨리 대학에 가고 싶었다. 그
럴 때마다 나 자신과 많이 대
화하려고 노력했다. 힘이 들

재수 기간 동안 풀었던 책들

때마다 나는 과연 어떤 사람이 되고 싶은지, 지금 왜 이렇게 열심히 공부하고 있는 것인지 스스로에게 물어보고 답해보았다.

하루, 한 달이 언제 갔는지도 모를 만큼 시간은 빠르게 흘러 차가운 바람이 살갗을 스쳤다. 여름이 끝나고, 가을이 되어 본 9월 모의고사에서는 전반적으로 성적이 많이 올랐다.

잠시나마 한숨을 돌렸지만 이제 곧 수능이 다가온다는 생각에 정신이 번쩍 들었다. 그럴수록 파이널 문제 풀이에 몰두하고, 고난이도 문제에 도전했다. 그런데 수능에 가까워질수록 뭘 해야 할지 몰랐다. 해야 할 일은 모르겠고, 불안함은 떨쳐지지 않고… 개념은 어느 정도 봤으니 문제를 많이 푸는 것이 좋겠다고 판단해 기계처럼 문제만 풀고 또 풀었다.

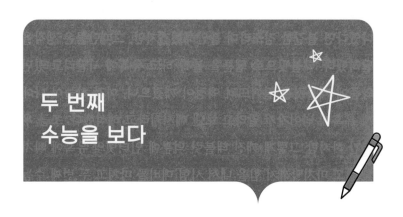

두 번째
수능을 보다

두 번째 수능을 앞두고 정신적으로 자주 흔들렸다. 너무 외로워서 당장이라도 누군가를 만나고 싶기도 했고, 그동안 미뤄왔던 드라마와 웹툰을 보고 싶기도 했다.

마음이 복잡하고 공부를 방해하는 충동에 휩싸일 때면 늘 그래왔듯 산책을 했다.

수능을 2주일 앞두고 복잡한 마음을 가라앉히기 위해 태블릿으로 음악을 들으며 걷고 있었다. 갑자기 손에서 미끄러져 태블릿을 떨어뜨렸고, 태블릿 액정은 완전히 깨지고 말았다. 평소의

나였다면 불길한 징조라며 불안해했겠지만, 그때만큼은 생각을 달리했다. 태블릿으로 웹툰을 볼까 하고 유혹에 시달리고 있던 와중에 태블릿을 떨어뜨려 액정이 깨졌으니, 이건 하늘이 나에게 유혹에 넘어가지 말라고 보낸 메시지라고 해석했다. 조금 우습긴 하지만 그렇게 깨진 태블릿 덕분에 인터넷의 유혹에 빠지지 않고 마지막까지 힘을 내서 시험 대비를 마치고 두 번째 수능을 치렀다.

한 번 수능을 치렀던 만큼 시험장에서 뭐가 필요한지 알고 있으니 재수 때는 첫 수능 때보다 준비해가는 것이 더 많았다. 쉬는 시간마다 먹을 껌, 사탕, 초콜릿 같은 간식거리와 방석, 슬리퍼, 두껍지 않은 여러 겹의 옷까지. 더 좋은 컨디션을 유지하기 위해 조금이라도 필요할 것 같다는 생각이 들면 빼먹지 않고 챙겨 갔다.

덕분에 수능 당일 컨디션은 나쁘지 않았다. 어디 아픈 곳이 없으니 컨디션이 꽤 좋은 편이라 해도 좋았다. 그렇지만 두 번째 보는 수능이라고 해서 긴장감이 덜하지 않았다. 오히려 두 번째라서 긴장감이 더 컸다. 그동안 준비한 것들과 시간적, 경제적 비용이 더 들었다고 생각하니 수능을 망치면 안 된다는 부담감이 더 컸다. 오죽하면 OMR 카드에 이름도 제대로 쓰지 못할 정도였다.

터질 것 같은 내 마음과는 상관없이 시험을 알리는 종소리와 함께 수능이 시작되었고, 시험을 보는 데도 문제 난이도가 어떤지 갈피가 잡히지 않았다. 분명 첫 수능과 비교해서 더 많이 공부했는데 여전히 아리송한 문제가 많았다.

우여곡절 끝에 모든 시험을 마치고 시험장을 나왔다. 고3 때보다도 더 마음이 싱숭생숭했고, 허망한 기분은 더 세게 밀려왔다. 고3 때보다 더 간절해진, 유일하다고 생각했던 인생의 목표를 해치웠으니 허망한 기분이 드는 것은 당연했다.

드라마틱한 변화가 있을 거라는 기대와는 다르게 그날은 덤덤하고 큰 감흥 없이 지나갔다. 약간의 변화가 있었다면 첫 수능 때와는 다르게 애매한 문제를 많이 맞혔다는 것이다. 고3 때는 아리송해서 찍었던 문제들을 죄다 틀렸는데, 재수 때는 확실히 감각을 더 익혀서인지 애매하다고 생각했던 문제들을 전부 맞혔다. 이렇게만 보면 시험을 굉장히 잘 쳤다고 생각할 수 있겠지만, 시험을 대단히 잘 본 것도 아니었다. 생각보다 영어를 많이 틀렸기 때문이다. 등급 컷이 나오기 전이었지만 이 점수로는 원하는 대학에 못 갈 것 같다는 예감이 들었다.

그래서 바로 논술 준비를 해야 했다. 혹시나 수능을 못 봤을 경우를 대비해서 안전장치로 논술 시험에 응시해 놓은 상황이었다. 총 다섯 학교에 지원했고, 연세대는 이미 수능을 보기 전에 논술 시험을 치른 상태였다. 아직 논술 시험을 보지 않은 학교가 네 군데가 남아 있었다. 하지만 그동안 논술을 공부해본 적이 없어서 혼자서 하기가 너무 어려워 보였다.

다행히 친구에게 조언을 듣고 논술 학원에 수업을 들으러 갔다. 그리고 그날, 논술 관련 책을 10권 사서 무작정 공부를 시작했다. 일주일 내내 구매한 책을 전부 읽고 하루에 두 편 이상씩 글 쓰는 연습을 했다. 다른 친구들의 모범 답안을 보며 좋은 글은 어떻게 쓰는 것인지에 대해 많이 연구했다.

다섯 군데의 논술 시험 중 고려대 논술 시험이 기억에 남는다. 고려대는 당시에 수리 논술과 인문 논술을 함께 봤다. 수리 논술에서는 수학 문제가 세 문제 나왔는데, 답이 명확하게 나오는 시험이다 보니 한 문제라도 틀린다면 곧 불합격이었다. 세 문제 중 두 문제는 그래도 풀만 했는데 마지막 한 문제가 너무 어려웠다. 최대한 마음을 가라앉히고 우선 인문 논술부터 쓰기로 했다.

서론과 본론을 공부해온 형식에 맞춰 쓰다 보니 시험 시간이 10분가량 남았다. 아직 풀어야 할 문제가 남아 있었는데 시간은 촉박하고, 손이 덜덜 떨렸다. 수학 문제를 풀지 못하면 전부 끝이라는 생각이 들었다. 풀지 못한 수학 문제는 몇 번을 해도 답이 나오지 않았다. 어떻게 몇 번을 더 하니 마침내 5분을 남기고 답안을 마무리했다. 내가 쓴 답이 정답이라는 확신은 없었다. 오히려 시간이 부족해서 인문 논술 문제 답을 제대로 썼는지도 확신이 서지 않았다.

그날 논술 시험을 보면서 배운 점이 하나 있다. 호랑이 굴에 들어가도 정신만 차리면 산다. 안 될 거라고 생각했던 마지막 순간까지 긴장의 끈을 놓지 않고 물고 늘어지면 어찌 됐든 답이 나왔다. 만약 그때 시간이 없다고 수학 문제를 포기했다면, 결과는 완전히 달랐을 것이다.

우여곡절 끝에 응시했던 학교의 논술 시험을 모두 끝마쳤다. 한숨은 돌렸지만 마음이 후련하지만은 않았다. 그래도 약간의 희망을 걸었던 것은, 운이 좋게 수능 성적이 등급 컷에 걸렸다는 점이었다. 같은 1등급이라도 등급 컷이 90점이라면 100점을 받은 학생도, 90점을 받은 학생도 모두 1등급이었다. 논술 시험은 수능 최저 등급을 반영하는 학교들이 많아서 최저 등급만 맞춰도 합격 확률이 높아졌다. 다행히 내 과목별 수능 점수들이 대부분 등급 컷에 턱걸이로 걸려 있어서 등급이 높게 나온 덕분에 논술 시험에 붙을 확률이 올라갔다.

합격 발표 날까지 초조한 날들이 지나가고, 마침내 하나둘 지원한 대학들의 합격 여부가 나왔다. 첫 번째 불합격, 두 번째 불합격… 그렇게 다섯 번째 불합격을 앞두고 있는 듯했다. 정시로 지원해야겠다 싶었고, 마지막 학교의 합격 여부 확인 버튼을 클릭했다. 그런데 상상도, 기대도 하지 않았던 일이 일어났다.

"엄마, 나 합격했대!"

그 말과 함께 그동안의 고생을 털어버리듯 엄마 품에서 엉엉 울었다. 내게도 살면서 이런 날이 오는구나. 혹시나 결과가 잘못된 것은 아닐지 조금은 걱정되는 마음으로 학교 선생님께 전화를 드렸다. 학교 선생님께서도 내게 축하한다며 합격이 맞다고 하셨다.

그날의 기분을 아직도 잊지 못한다. 머리부터 발끝까지 온몸이 짜릿한 기분. 살면서 그렇게 행복한 적이 있었을까? 아빠와 동생에게도 연락을 돌리고 나서야 정말 나의 재수 생활이 막을 내린다는 실감이 들었다.

합격을 하고 보낸 겨울은 작년과는 비교할 수 없을 만큼 따듯하고 행복했다. 평소에 좋아했지만 하지 못했던 게임도 실컷 하고, 웹툰, 드라마도 보면서 여유를 즐겼다. 대학생이 되어 나도 드디어 과 잠바를 입게 될 생각을 하니 설레서 잠이 오지 않았다. 대학 합격 통지서는 그때 나에게 최고의 선물이었다.

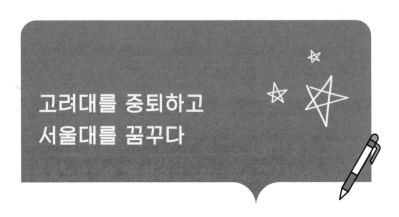

고려대를 중퇴하고
서울대를 꿈꾸다

나에게도 드디어 합격의 날이 찾아왔다. 머리부터 발끝까지 온몸이 떨리고 짜릿한 기분이었다. 엄마와 부둥켜안고 엉엉 울었고, 드디어 길었던 재수 생활이 막을 내렸다는 생각에 그동안 어깨를 짓누르던 부담감을 넘겨버릴 수 있었다.

고려대학교에 입학하고 대학생활은 꿈꾸던 대로 즐겁고 행복했다. 매일 친구들과 놀러 다니면서 대학교에서 하는 다양한 행사도 즐길 수 있었다. 고등학교, 재수 시절이 내게 암흑기였다면, 대학교 시절은 내 인생의 황금기라고 할 만큼 대학교를 기점으로 삶의 방식이 완전히 달라졌다. 과제에, 시험에 힘들더라도 일상이 여유롭고 편했다.

그런데 하루는 누군가가 내게 선생님을 해볼 생각이 없냐고 물어보았다. 사실 재수를 하면서 교육에 대한 관심이 생기기도 했고, 입시에 대해서도 많은 것을 알게 된 만큼 선생님이라는 직업을 갖고 싶다는 꿈을 꾸기도 했다. 그런데 전공 학과가 중국어과였기 때문에 선생님보다는 전공을 살린 직업을 가져야겠다고 생각했다. 꿈은 바뀔 수 있는 거니까 학교생활을 더 하면서 전공 공부를 더 배우다보면 생각이 달라지지 않을까 하며 시간을 보냈다.

하지만 시간이 지날수록 교육에 대한 열망은 더욱 커지기만 했다. 더군다나 학교에는 유학생도 많았고, 중국어에 능숙한 친구들도 너무 많아서 내가 그 안에서 뛰어나기란 매우 어려웠다. 마치 외고 시절의 내 모습처럼.

재수 때 목표로 했던 서울대도 욕심이 났다. 끝끝내 가지 못했던 곳이기에 과연 서울대는 어떤 곳인지 정말 궁금했고, '재수 생활 때 조금만 공부를 더 했다면 서울대에 갈 수 있지 않았을까?' 하는 미련도 있었다. 이때 미련과 후회가 얼마나 무서운 것인지 깨달았다.

삼수 기간 동안 풀었던 책들

불만족스럽고 후회스러운 일이 생각나니 계속해서 떠나지 않고 머릿속을 맴돌았다. 목표로 한 것은 무조건 이룰 때까지 집요하게 파고드는 성격이라 원하는 학교를 가지 못했다는 생각에 자꾸만 욕심이 생겼다.

고려대에 입학하고 1학년 하반기에 반수를 할 수도 있을 거라는 생각을 염두에 두고 1학기 때 틈틈이 모의고사와 EBS 문제를 풀었다.

충분히 좋은 학교를 다니고 있었기에 수험생활을 한 번 더 하는 게 과연 맞는지 고민도 많이 했다. 그렇지만 마지막 기회라는 생각에 그만둘 수 없었다.

여름 방학에 친구들과 일본 여행을 다녀오는 것을 마지막으로 반수에 올인하기로 결심했다. 재수 때 혼자 공부한 경험이 있으니 이번에는 학원의 도움 없이 독학 반수를 하기로 했다.

치열했던
삼수 생활

이미 대학을 다니고 있고, 어차피 수능에 떨어져도 돌아갈 학교가 있으니 그렇게 간절하지 않을 것이라고 생각하는 사람들도 있었다. 하지만 반수에 대한 부담감은 생각보다 컸다. 서울대에 불합격해 원래 나니던 학교로 돌아가면 친구들의 시선이 마냥 좋지만은 않을 수도 있고, 친한 친구들이 2학년에 올라갈 때 나 홀로 1학년 2학기 과정을 들어야 했다.

무엇보다 반수를 결심하게 된 것은 진로에 대한 확신이 서지 않아서였는데, 만약 다시 돌아간다면 어떤 진로를 세워야 할지 고민이 많았다. 이런 고민들을 한 방에 해결할 방법은 반수 성공

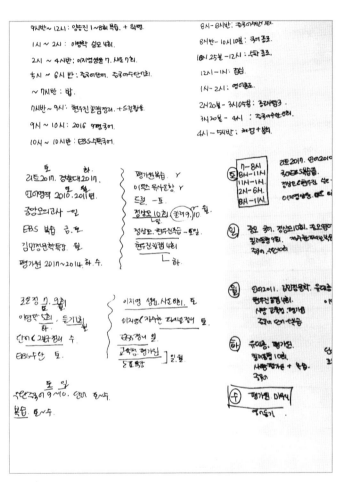

9시반 ~ 12시 : 양승진 1~8회 복습. + 학평.

1시 ~ 2시 : 이명학 실모 4회.

2시 ~ 4시반 : 이지영쌤윤 7. 사문 7회.

4시 ~ 6시반 : 중국어단어. 중국어두단어.

~ 7시반 : 밥.

7시반 ~ 9시 : 현우진 킬캠정4. + 5월학평용.

9시 ~ 10시 : 2016 9평국어.

10시 ~ 10시반 : EBS수특국어.

8시 ~ 8시반 : 중국어단어 체크.

8시반 ~ 10시10분 : 국어 공3.

10시 25분 ~ 12시 : 수학 공3.

12시 ~ 1시 : 점심.

1시 ~ 2시 : 영어공3.

2시 20분 ~ 3시 05분 : 국사탐공3.

3시 20분 ~ 4시 : 중국어단어 3회.

4시 ~ 5시반 : 채점 + 복습.

토   화.
리드2017. 경찰대2017.
민아영국 2010. 2011번.
중앙모의고사 —일.
EBS 복습 금. 토.
김민정문학특강. 월.
평가원 2013~2014. 하. 수.

조은정 밥. 9회.
이영학 모의. 듣기회.
안성근 (2반 정리. 수.
EBS수완. 토.

토 일
서만중국어 9 ~10. 일본어 8 ~수.
복습. 8 ~ 수.

평가원복습. Y
이투스 유사문항. Y
드릴. —토.
정상모 10회 (킬러9.) 10. 월.
정상모. 현우진직독 —토. 일.
현우진킬캠 4회.
                              하.

이지영 생윤. 사문 8회. 토.
이지영 (자작선 자료별정리. 토.
EBS영어 일.
교육청. 평가원.   일. 월.
                    도표 특강.

토 [리드2017. 민아영2010
8시~11시 3. 0.EBS복습금
11시~1시 정상모. 현우진직독 4번.
2시~6시 이지영쌤윤. 4번. 영어
8시~11시

일 [정모. 공4. 정상모10회. 조은영모
   킬러정중영 9회. 자작선료별정보
   중국어. 4문단어 10회

월 [EBS2011. 김민정문학. 유대종
   현우진킬캠 4번. 사완. 교육청. 평가원
   중국어. 영어 문독음

하 [유대종. 평가원.
   킬러정중 10회.
   사완 평가원 + 복습.
   중3회.

수 [평가원. 미적회
   국어듣기

뿌이었고, 합격을 위해서는 모든 것을 걸겠다는 각오로 독하게 공부해야만 했다.

　공부에 몰입하기 위해 주변 친구들과의 연락을 모두 끊었다. 정신 수양을 위해 절에 들어가는 사람처럼 도서관에 들어가 공부를 했다. 이때 풀었던 문제집이 과목당 최소 5권이 넘었으니 재수 1년 동안 공부했던 양과 비슷했다.
　예상하지 못한 바는 아니었지만 혼자 공부하는 것은 늘 어려웠다. 당장 끼니를 어떻게 해결할지도 고민이었고, 느슨해진 마음을 통제해줄 사람도 나밖에 없었다. 1분 1초도 낭비할 수 없어서 잠이 오면 벌떡 일어나 세수를 하러 갔고, 편의점에서 밥을 먹을 때조차 영어 단어장을 펼쳤다. 수능 시간표에 맞춰서 예전의 내가 그랬듯 기계처럼 실전 모의고사를 풀었고, 공부 리듬이 흐트러지지 않도록 내가 나의 감독관이 되어 계획해놓은 쉬는 시간도 정확하게 지켰다. 어둠이 짙게 깔릴수록 빛은 커질 것이라고 믿으면서 힘들다는 생각이 들 때 지금 힘든 만큼 더 좋은 결과가 올 것이라고 위안을 삼으며 하루를 버텼다.

　하루는 도서관에서 공부를 끝내고 집에 돌아왔는데 아버지께서 "이미 좋은 대학교인데, 원래 다니던 대학교 다니면 안 되겠냐. 네가 조금 더 공부한다고 해서 잘할 수 있을지 모르겠다"

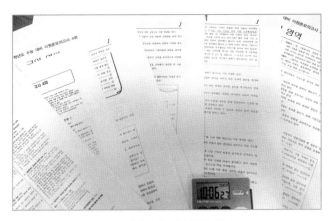

수능 대비 모의고사와 공부 기록

라고 말씀하셨다. 그때 울컥해서 아버지께 한 말이 생각난다.

"서울대를 가든 말든 그건 상관없어요. 재수 때 다하지 못했던 게 후회돼서 그래요. 이 수험생활을 통해 제가 과연 나에게 한 약속을 지킬 수 있는 사람인지 확인하고 싶어요. 제가 그런 사람이라는 것을 증명할 수만 있다면 결과는 상관없어요. 그 과정 자체에 만족할 거예요. 전부 쏟아내고 나면, 그러면 만족해요."

지금은 내가 할 수 있는 최선을 다하면 되는 거라고. 잘되든 안 되든 내가 해야 하는 일을 묵묵히 해내는 것이 중요한 거라고. 절대 후회하지 않을, 마지막이 될 수험생활을 보내겠다고 다짐했다.

세 번째 수능을
마치다

대망의 수능 날, 장수생으로서 당당하게 교실에 들어갔다. 고3 수험생들에 비해 이것저것 준비해간 짐도 많았는데, 어쩐지 컨디션은 굉장히 나빴다. 배가 아팠고, 배가 아파서 빈속에 약을 먹으니 머리도 아팠다.

그 상태로 첫 과목인 국어 시험이 시작됐고, 시험은 너무 어려웠다. 문제를 푸는데 답에 확신이 없었다. '반수까지 했는데 역시 안 되는 건가' 하는 생각과 함께 1교시가 끝이 났다.

'어차피 망한 것 같은데 그냥 집에 갈까', '원래 다니던 대학교도 있으니까 그냥 돌아가도 되지 않을까', 아주 잠깐이지만 창문을 내다보며 '뛰어내릴까?' 하는 생각도 했다. 그날 날씨가 좋았다고 하는데 어쩐지 내 기억 속 그날의 날씨는 어두컴컴하게만 남아 있다.

1교시 국어를 망쳤다는 충격에 2교시 수학 문제를 푸는 데 집중이 되지 않았다. 평소라면 1분 만에 풀 문제를 5분이 넘도록 풀지 못했다. 계산 실수라도 할까 봐 마음이 조마조마했다. 그러다 문득 '혹시 아까 봤던 국어 시험을 예상보다 잘 봤다면?' 하는 생각이 들었다.

'만약 국어 점수가 생각보다 잘 나왔는데 지금 수학을 망치고 있는 거라면 억울하잖아. 삼수까지 했는데… 그래. 하늘이 조금은 도와주겠지' 하는 생각으로 정신을 가다듬고 시험을 마무리했다.

3교시 영어 시험 때도 마찬가지였다. '국어랑 수학을 생각보다 잘 봤을 수 있으니까 영어도 최선을 다해서 풀자'라고 말이다. 그렇게 4교시 탐구 과목 시험까지 끝이 났다.

세 번째 수능을 마치고, 세 번째 가채점을 해야 하는 순간이었다. 당연히 다니던 학교로 돌아가는 것으로 마음을 굳히고 있

2017학년도 대학수학능력시험 성적통지표

수험번호	성 명		생년월일	성 별	출신고교 (반 또는 졸업년도)		
	이의정			여			
구 분	한국사 영역	국어 영역	수학 영역	영어 영역	사회탐구 영역		제2외국어/한문 영역
			나형		생활과 윤리	사회·문화	중국어I
표준점수		139	131	136	63	65	64
백 분 위		100	97	98	93	99	95
등 급	1	1	1	1	1	1	1

2016. 12. 7.

한 국 교 육 과 정 평 가 원

2017학년도 수능 성적통지표

었다. 그런데 자동 채점 결과 국어 100점이 나왔다. 순간 잘못된 건가 싶어 다시 손으로 채점해봤는데, 정말 100점이었다. 기쁘고 충격적이었다. 기계처럼 노력하고 공부했더니 정말 내가 기계가 된 건가 싶었다. 그렇지 않고서야 만점을 받다니. 수학도 두 문제밖에 틀리지 않았고, 나머지 과목도 한 문제씩 틀렸다. 당시 수능이 어렵게 출제된 편이라 예상 표준 점수가 높게 나왔나. 이 점수라면 서울대는 확정이었다.

최종 성적표가 나오기 전까지는 불안해서 잠도 잘 자지 못했다. '주변 사람들에게 100점을 받았다고 얘기했는데 혹시 마킹을 잘못해서 점수가 다르면 어쩌지', '이 모든 게 거짓말이면 어쩌지' 하는 걱정이 들었다. 너무 떨린 나머지 차마 내 눈으로 직접 성적표를 확인하기도 겁이 났다. 숨 쉬는 것도 잊은 채 용기를 내어 질끈 감은 눈을 떴다. 성적표에 적힌 점수와 가채점 점수가 정확히 같았다.

드디어 길고도 길었던 나의 수험생활이 끝이 났다.

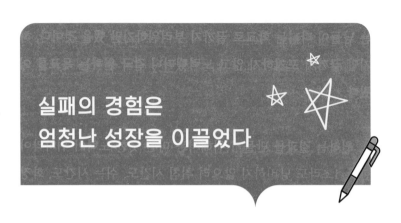

실패의 경험은
엄청난 성장을 이끌었다

길고 긴 수험생활을 지나면서 느낀 것이 두 가지 있다. 노력은 운마저 바꿀 수 있다는 것, 어떤 상황이든 끝까지 포기하지 않으면 결국엔 이룬다는 것.

재수를 도전하던 때 논술 시험을 포기했더라면 대학교에 합격하지 못했을 것이다. 삼수를 도전하던 때 국어 시험이 어려웠지만, 한 문제라도 더 맞히겠다며 시험 시간을 꽉꽉 채워 문제를 붙들고 늘어지지 않았더라면 100점을 받지 못했을 것이다. 국어가 어려워서 좌절한 상태로 남은 과목들을 대충 봤다면 서울대는 남들이 다니는 학교로 끝까지 부러워하기만 했을 것이다. 하지만 끝까지 포기하지 않고 노력했더니 결국 원하는 목표를 이뤘다.

원하는 결과를 만들기 위해서는 미친 듯한 노력이 뒤따라야 한다. 1초라도 낭비하지 않으려 취침 시간도, 쉬는 시간도, 화장실을 가는 시간도 흐트러지지 않도록 철저하게 관리했다. 다시 그때처럼 할 수 있냐고 묻는다면 한 치의 고민 없이 절대 못한다고 답할 것이다. 그만큼 독하게 자기관리를 했다. 그리고 어느 순간에는 힘든 것도 즐길 수 있는 레벨이 되었다. 조금 이상하게 들릴 수도 있겠지만 '이렇게까지 힘들면, 힘든 만큼 좋은 결과가 오지 않을까?' 하는 기대감에 힘든 것도 잊고 좋아하던 순간도 있었다.

'해가 뜨기 전이 가장 어둡다'라는 말을 좋아하는데, 행복과 불행에는 어느 정도 총량이 있다고 생각한다. 행복한 만큼 불행도 찾아오고, 불행한 만큼 행복도 찾아온다. 만약 나의 미래가 행복해지기를 바란다면 현재를 조금 희생해서라도 불행해질 필요도 있다고 생각했다.

나의 수험생활을 돌이켜보니 실패하면서 느꼈던 감정들을

원동력 삼아 더 성장할 수 있었다. 물론 실패를 실패로 끝내지 않겠다는 마음가짐 덕분에 가능했던 일이다. 10대는 인생에 있어서 시작 단계인데, 10대 때 내가 원하는 목표를 이루지 못하고 좌절하고 싶지는 않았다. 실패에 익숙해지면 자존감이 떨어지고 '나는 패배자다'라는 생각을 가지고 살아갈 것 같았다. 그래서 내게 성공을 안겨주고 싶었다.

내가 끝이라고 말하기 전까지는 아직 실패라고 말하긴 이르다. 계속해서 도전하고 도전한다면 결국 실패라고 생각됐던 것도 성공으로 바꿀 수 있다. 그리고 나는 마침내 안 될 것만 같고 실패할 것만 같았던 수험생활에 도전해 성공했다.

내가 궁극적으로 원했던 목표는 '행복한 삶'이 아니었나 싶다. 내가 생각하는 행복한 삶이란 스스로에게 만족할 수 있는 삶이었고, 그 삶을 살아가는 만족스런 내 모습을 만들고 싶었다.
비리던 대학교에 입학했나는 사실보다 어쩌면 원하던 목표를 포기하지 않고 끝까지 최선을 다해 이루었다는 경험은 내 인생에 있어서 무엇보다 값진 자산이 되었다.

목표한 바를 이룬 후에 달라진 일상, 어려움에 부딪혔을 때 이겨낼 수 있다는 용기, 포기하지 않는 한 실패는 없다는 끈기.

국어, 영어, 수학 같은 교과서에서는 나와 있지 않은, 나는 그
보다 더 소중하고 어디서도 배울 수 없는 공부를 할 수 있었다.

2장

상위 0.1%를 만드는
사소하지만 강력한
공부 습관

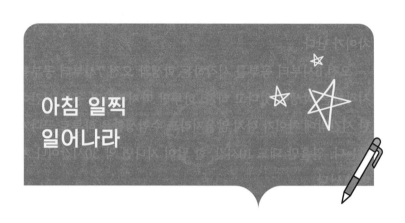

아침 일찍
일어나라

시험을 잘 보기 위한 첫걸음으로 아침에 일찍 일어나는 습관을 길러야 한다. 수능은 오전부터 시작되고, 오전에 깨어 있지 않으면 좋은 컨디션으로 시험을 보는 것이 어렵기 때문이다. 특히 수능 주요 과목인 국어와 수학 시험이 오전에 있는 만큼 이 시간에 집중력을 최대한으로 끌어올리지 못하면 최선의 결과를 낼 수 없다.

늦은 시간에 잠을 자고 다음 날 아침이 되면 피곤해하는 학생들이 많다. 실전에 대비하기 위해 아침 일찍 일어나야 하는 이유도 있지만, 그보다 이전에 늦게 일어나면 공부 시간에서부터 차이가 난다.

　오전 6시부터 공부를 시작하는 학생과 오전 7시부터 공부를 시작하는 학생이 있다고 하자. 하루만 따져본다면 공부 시간이 한 시간밖에 차이가 나지 않을지라도 수험생활은 하루로 끝나지 않는다. 열흘만 돼도 10시간, 한 달이 지나면 약 30시간이나 차이가 난다.

　물론 앉아 있는 것보다 누워 있는 것이 편하고, 책상보다 침대가 훨씬 포근하다. 그래서 졸음의 유혹을 떨쳐내는 일은 야식의 유혹을 떨치는 일처럼 쉽지 않다.

　기상 습관을 기르는 데 있어 내게 가장 큰 문제는 밤에 잠이 오지 않는 것이었다. 평소에 밤늦게까지 깨어 있다 보니 잠을 자야겠다며 침대에 눕더라도 잠이 오지 않았다. 오히려 정신이 더 또렷해지기까지 했다. 그래서 우선 수면 시간이 줄더라도 취침 시간은 그대로, 기상 시간은 앞당기는 방법으로 시작했다.

　목표 기상 시간은 6시였다. 아침 6시가 되면 방 여기저기서 알람 소리가 울렸다. 알람 10개를 맞춰놓고 그래도 일어나지 않을 시에는 부모님께 때려서라도 깨워달라고 부탁했다. 피곤한 나머지 알람을 꺼버리고 다시 잠드는 것을 방지하기 위해 퀴즈의 정답을 맞혀야만 알람이 꺼지는 어플을 설정하기도 했다. 정말이지 안 일어나고는 못 배길 정도였다.

하지만 이렇게 하는 것도 하루 이틀이었다. 셋째 날 이후가 되니 급격하게 피로가 몰려왔다. 만약 6시가 너무 빠르게 생각된다면 처음에는 7시를 목표로 일어나도 괜찮다. 7시에 일어나는 것이 습관이 되면 그 다음은 6시 반, 그 다음에는 6시로 조금씩 기상 시간을 당기면 된다.

수면 시간이 부족해 몸이 피곤하고 도무지 안되겠다 싶을 때에는 낮잠을 자기도 했다. 오랜 시간을 자기보다는 피로가 가시도록 10~20분 정도의 충전 시간을 가졌다.

보통 습관이 형성되려면 최소 3주에서 4주가 걸린다고 한다. 올바른 수면 습관을 만들기 위해서는 약 한 달간 기상 시간과 수면 시간을 일정하게 지켜야 한다. 아침잠이 많을수록 기상 시간을 지키기가 어렵겠지만, 습관을 들이면 남들이 자는 시간에 부지런히 하루를 먼저 시작했다는 짜릿함을 느낄 수 있다. 하루를 일찍 맞이하는 만큼 하루를 알차게 보냈다는 뿌듯함에 습관을 들이고 난 후부터는 동이 트기 전인 새벽 4~5시에 일어나기도 했다.

만약 나의 하루가 불규칙적이라고 느껴지거나 늘 피로하다고 느낀다면 꼭 수면 습관을 바꿔보기를 바란다. 보통 오후 11~12시 사이에 잠드는 것이 좋고, 기상 시간은 오전 6~7시 사이가 무난하다. 만약 공부량을 더 확보하고 싶다면 취침 시간을 늦추는 것보다 기상 시간을 앞당기는 편을 추천한다. 특히 시험을 앞둔 수험생이라면 한 달 전부터 미리 습관을 들일 필요가 있다. 내가 도전하려는 그 중요한 수능은 오전에 시행된다는 것을 명심하자.

아침 집중력을 높이는 방법

단순히 아침에 눈을 뜨는 것에 그친다면 소용이 없다. 이른 시간에도 공부에 집중할 수 있어야 한다. 그러나 아침에 글자가 눈에 들어올 리가 없다. 졸음은 쏟아지고 잠깐 눈만 감고 있을까 싶었는데, 꼭 이럴 때만 한 시간이 왜 그렇게 금방 지나가는지 모를 일이다.

하루에 최소 6시간은 자야 하루의 피로가 풀리는 듯했다. 그래서 밤 12시를 취침 시간으로 잡았다. 숙면을 위해 반드시 잠들기 한 시간 전부터는 핸드폰을 보지 않았다. 이때 함께 들인 습관이 바로 야식을 먹지 않는 것이었다. 야식을 먹으면 살도 찌고 아침에 속도 더부룩했다. 무엇보다 더 피곤한 느낌이 들면서 아침에 일어나기가 힘들어졌다. 그래서 최대한 야식을 멀리했다. 늦은 시간에 너무 배가 고플 때면 우유를 따뜻하게 데워 마시는 정도로 속을 달랬다. 이런 습관을 들이다보니 아침에 조금 더 상쾌하게 일어날 수 있었고 몸도 건강해지는 것 같았다.

아침에 일어나면 가장 먼저 세수를 하고 운동을 했다. 간단한 스트레칭이나 요가로 몸을 풀어주거나 30분 정도 산책을 다녀왔다. 수험생활을 하다 보면 체력적인 한계가 오기도 하고, 움직임이 거의 없이 공부만 하다 보니 기분이 내려앉기도 한다. 이럴 때 가벼운 운동은 지친 마음을 환기시켜주는 효과가 있었다.

그 후 몸도, 정신도 잠이 깨고 나면 아침 시간에는 보통 인강을 많이 들었다. 아침에 인강을 듣고 오전 동안 문제를 풀며 자습을 하는 공부 방법이 내게 잘 맞았다. 오전에 집중력을 최대로 끌어올려 문제를 풀다 보니 공부를 제대로 하고 있다는 기분이 들었고, 이를 증명하듯 문제를 풀 때 실수도 많이 줄어들었다.

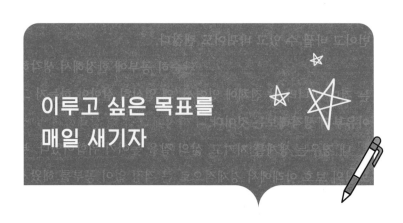

이루고 싶은 목표를
매일 새기자

목표가 없는 공부는 흔들리기 쉽다. 가뜩이나 힘든 수험생활을 버티는데, 최종 목적지가 어디인지도 모르는 채 달리기만 한다면 슬럼프가 왔을 때 극복하기 힘들다. 그리고 애초에 목표가 없다면 동기부여도 안 될 것이다. 그러니 공부를 시작할 때 목표를 정하는 것이 매우 중요하다. 하지만 생각보다 목표를 명확하게 설정하고 공부하는 수험생이 많지 않다.

거창한 목표가 아니어도 좋다. 미래에 어떤 직업을 가질지, 어떤 대학을 갈지 미리 정하지 않아도 괜찮다. 꿈은 살면서 몇 번이고 바뀔 수 있고 바뀌어도 괜찮다. 우선 내가 왜 공부를 해야 하는지 그 이유부터 생각해보자. 단순히 공부에 한정해서 생각하는 것이 아니라 삶 전체에 있어서, 왜 열심히 살아야 하는지 그 이유부터 생각해보는 것이다.

내 경우는 생계를 지키고, 삶의 질을 높이기 위함이었다. 부모님의 보호 아래에서 경제적으로 큰 걱정 없이 공부를 해왔지만 '언제까지 부모님께서 지원해주실 수 있을까' 하는 생각이 들었다. 게다가 나는 재수도 했고, 대학교에 들어가서도 반수까지 준비하면서 막연히 부모님의 지원을 기대할 수는 없었다. 부모님이 내 인생에 도움을 줄 수는 있지만 내 인생을 대신해줄 수는 없었다. '어떻게 능력을 쌓아서 내 인생을 책임질 수 있을까'라는 질문을 하게 되었고, 성인이 되고 나서는 이 질문이 점점 더 커졌다. 그래서 더 의지를 가지고 다시 수험생활에 도전하게 되었다.

누군가는 음악으로, 누군가는 요리로 유명해지고 유명세와 함께 많은 돈을 벌기도 한다. 그런데 음악으로 성공하는 것, 요리로 성공하는 편이 쉬울까? 나는 서울대생이 되는 것보다 예술로 성공하는 편이 100배 이상 어려운 일이라고 생각한다. 예술은 노력도 필요하지만 타고난 재능, 감각이 뒷받침되어야 하기 때문이다.

내가 다른 분야가 아닌 공부를 택해서 노력한 이유는 애초에 다른 분야에는 재능도 없었고, 오직 공부만이 노력으로 인정받을 수 있는 영역이라고 생각해서였다.

공부에 재능이 필요 없다는 말은 거짓말이다. 하지만 정말 천재적인 재능을 가진 것이 아니라면, 사람들이 기본적으로 가지고 있는 잠재력은 비슷하다고 생각한다. 개인의 노력에 따라 그 잠재력은 엄청나게 커질 수도, 그대로 사그라들 수도 있다.

무엇이든 최선을 다해 열정적으로 해봐야겠다는 생각뿐이었다. 다른 분야에 관심이 많거나 잘했다면 당연히 그 분야에서 성공하기 위해 최선을 다했을 것이다. 하지만 아쉽게도 내게는 그런 것이 없었기 때문에 공부에 최선을 다했다.

그리고 대충이란 없었다. 목표로 하는 대학교의 사진을 벽에 붙여놓고 매일 보면서 상기했다. 내가 대학교에 입학해야 하는 이유와 왜 지금 이렇게 열심히 공부하고 있는지, 힘들더라도 왜 견뎌야 하는지.

조금만 해도 성공할 것이라는 생각은 세상을 무시하는 일이자 열심히 하는 사람에 대한 오만이다. '노력도 타고 나야 해', '저건 특별한 사람이나 할 수 있는 거야. 난 못해'라는 말은 넣어두자.

설령 잠깐의 실패가 찾아왔더라도, 원하는 목표를 이룰 때까지 도전하고 또 도전한다면 그 끝은 실패가 아닌 성공으로 바꿀 수 있다. 자신에게 실패가 아니라 성공하는 모습을 조금씩이라도 보여주자. 그 크기가 작더라도 성공이 가져다주는 자신감이 모여 높은 자존감이 되고, 성공의 경험은 또 다른 성공의 발판이 된다. 설령 그 과정에서 실수나 실패가 있더라도 그 또한 훌륭한 밑거름이 될 수 있다. 마지막 순간을 놓지만 않으면 된다.

학교와 친구들로부터 성적이 낮아 무시당하던 수험생 때가 있었다. 공부를 잘하는 친구들의 이야기는 절대 나의 이야기가 될 수 없다고 생각하던 시절이 있었다. 그들만의 리그는 따라잡을 수 없는 것이라고 생각하고, 다이아수저를 가지고 태어난 정말 잘 사는 친구들을 보면 부러움만 느껴야 했던 시절이 분명히 있었다. 그런데 하나씩 밟고 올라가니, 나도 모르는 사이에 정말 많이 성장해 있었다. 아무도 못 갈 것이라고 했던 대학교에 갔고, 그 학교에서 여러 친구들을 만났다. 어느샌가 나도 누군가에게 동경의 대상이 되어 있었고, 삶의 질은 상상도 못할 정도로 올라갔다.

목표를 가진 삶이 가져다준 가장 큰 변화는 인생에 대한 자신감이었다. 늘 남 앞에서 위축되어서 발표 시간에는 제대로 말도 하지 못했던 내 모습은 점점 사라져갔다. 이렇게 열심히 살았는데, 앞으로는 더 잘할 거라는 자신감이 새로운 열정과 도전 정신을 만들었다. 일을 해서 버는 시급은 계속해서 올라갔고, 온전히 스스로가 번 돈으로 사고 싶은 것을 전부 살 수 있었다. 대학생 때 일을 해서 처음으로 부모님께 용돈을 드렸던 순간은 아직도 정말 행복한 순간으로 기억된다. 대학도 늦게 갔고 고등학교 때부터 학비를 너무 많이 써서 죄송한 마음이 들었는데, 열심히 살아서 보답을 할 수 있다는 것이 정말 뿌듯했다. 더 좋은 것을 해드리고 싶다는 욕심도 커졌다. 지금도 좋지만, 세상에는 좋은 것이 정말 많지 않은가? 가족에게 더 맛있는 것, 더 편한 것을 주고 싶었다.

이런 욕심들이 더 이상 허황된 것이 아니라는 것을 느낀다. 만약 수험생활 때 그렇게 치열하게 살지 않았더라면 원하던 목표를 이룰 수도 없었을 것이고, 이런 생각도 못 했을 것이다. 그런데 하나씩 이루다 보니 나음 목표가 생기고, 또 도전할 수 있게 되었다.

그러니 너무 큰 생각이 아니어도 좋다. 내가 왜 이 공부에 올인을 해야 되는지 한 번 생각해보자. 스스로를 위해서도 좋고, 가족을 위해서도 좋고, 사회를 위해서도 좋다. 무엇이 되었든 여러분의 마음을 움직이는 것이 무엇인지 찾아보기를 바란다. 작은 시작과 변화들이 상상도 못 할 미래를 만들어낼 것이다. 그리고 작은 목표여도 좋으니 잘 보이는 벽에 그 목표를 종이에 적어서 붙여 놓고 매일 보기를 바란다. 매일 스스로에게 목표를 상기시키는 것만으로도 좋은 동기 부여가 될 것이다.

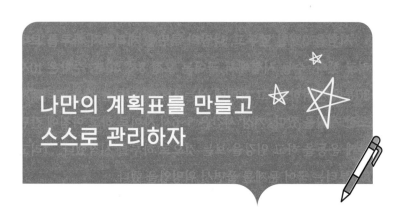

나만의 계획표를 만들고
스스로 관리하자

외부의 강제성 없이 스스로 움직이는 일은 생각보다 어렵다. 우리가 굳이 학원에 가는 이유도 학원 관리의 도움을 받기 위함이 크다. 하지만 혼자서 공부하든, 학원에서 공부하든 스스로를 관리할 줄 아는 능력을 가지는 것이 매우 중요하다.

자신만의 루틴을 세워서 알찬 하루를 보내야 성취감도 커지고, 좋은 컨디션도 유지할 수 있다. 그러니 내가 나의 감독관이 되었다고 생각하고 하루를 관리해보자. 스스로를 엄격하게 통제할 사람은 다른 사람이 아니라 자기 자신이다.

시험을 3개월 앞두고, 나만의 루틴을 계획해서 하루를 보내려고 했다. 수능 시험에서 국어는 오전 8시 40분, 수학은 10시 30분에 시작하고, 그 사이에 쉬는 시간이 있다는 것을 고려해서 오전 계획을 짰다. 기상 시간은 5~6시 사이로 하고 아침에 간단하게 운동을 하고 인강을 보는 것으로 하루를 시작했다. 그리고 8시부터는 국어 문제를 풀면서 워밍업을 했다.

화장실은 8시 반 이전에 다녀왔다. 화장실 가는 시간까지 계획해야 하나 싶겠지만 모든 것을 수능에 맞춰 몸을 적응시켰다. 매일 아침 화장실 가는 시간도 습관이 되다 보니 실제로 수능 당일에 국어 시험을 치르기 전 화장실에 들러 잠시 긴장된 마음을 식혔다. 이후에 8시 30분부터 10시까지는 국어 시간표에 맞춰 국어 공부를 했고, 국어 공부가 끝난 후에는 15분 정도 휴식 시간을 가졌다. 이어서 수학 시험을 치를 시간에 맞춰 수학 공부를 했고, 공부가 끝난 뒤에 점심을 먹었다.

오후에도 수능 시간표에 맞춰서 영어와 탐구 과목을 공부했다. 저녁을 먹고 나서는 보통 암기 과목을 공부하거나 부족한 과목을 보충했다. 아무리 오전에 열심히 공부했더라도 나는 오전보다 저녁에 공부가 더 집중이 잘됐다. 그래서 영어 단어나 탐구 과목 암기는 저녁에 보충하는 것이 효율적이라는 생각에 나의 공부 스타일에 맞게 시간을 조절했다.

하루 루틴을 만들어서 지킬 수 있는 사람은 아무래도 시간적 여유가 있는 N수생일 것이다. 학교에 다니는 수험생이라면 학교 일정을 고려하면서 하루 계획을 세워야 하니까 말이다. 혹은 학원을 다니는 N수생이라면 학원 일정을 고려해서 루틴을 세워야 한다. 이런 경우라면 오전, 오후는 학교나 학원 스케줄에 맞춰서 생활하되 저녁 시간은 주로 자습인 경우가 많으니 과목별로 시간을 분배해서 규칙성 있게 공부를 하는 것이 좋다.

예를 들어 월요일 저녁에는 국어 두 시간, 수학 두 시간을 공부하고 화요일 저녁에는 영어 두 시간, 탐구 두 시간을 공부하겠다는 식의 계획을 세우는 것이다. 그리고 학교에서 생활하더라도 화장실을 가는 시간이나 낮잠을 자는 시간은 어느 정도 규칙적으로 설정해놔야 시험을 볼 때도 비슷한 컨디션을 유지할 수 있다. 미리 생활 리듬을 관리하는 것 또한 수능을 대비하는 데 중요한 부분이다.

처음부터 루틴을 완벽하게 지키다 보면 몸과 마음이 지치는 때가 오기도 한다. 오전과 오후에 체력을 많이 써서 저녁이 되면 체력이 많이 부족하다는 느낌을 받기도 했다. 그래서 오전 공부가 끝나고, 점심식사까지 끝낸 후에는 쪽잠을 잤다. 매일 일정한 시간에 잠깐 동안이지만 졸음을 깨는 습관을 들이고 나니 수면 시간도 적당히 조절할 수 있었다. 쪽잠을 자고 나면 오후에 집중이 더 잘되는 기분이 들었고, 저녁 마무리 공부까지 하고 나면 정말 기운이 다 빠져서 잠도 잘 왔다.

혼자 공부하는 수험생이라면 자신만의 학원을 만든다고 생각하고 스스로를 더 엄격하게 관리했으면 좋겠다. 아무래도 혼자 공부하다 보면 외부의 강제력이나 비교 대상이 없어서 느슨해지기 쉽다. 혼자일수록 더 타이트하게 관리해야 무너지지 않는다는 점을 명심했으면 좋겠다. 그리고 평소 계획 없이 무작정 하루를 보내다 하루를 마칠 때쯤 무엇을 공부했으니 허무함이 드는 수험생들도 꼭 정해진 루틴에 맞춰서 생활하기를 바란다. 적어도 중요한 시험을 앞두고 3개월 전부터는 몸을 관리하는 것도 실력이 되니 스스로를 규칙적인 시계처럼 만들어보자.

성공적인 계획표 세우는 방법

목표를 크게 설정할 줄 알아야 하고, 그것을 실천하기 위한 작은 목표를 세우는 것도 중요하다. 그래서 나는 일 년, 한 달, 일주일, 하루 단위로 계획을 세웠다.

일 년 단위로 계획을 세울 때는 각 시기마다 무엇을 할 것인지, 몇 점을 목표로 공부할 것인지, 어떤 학교를 목표로 하고 있는지 등의 거시적인 계획을 세웠다. 방향성을 명확하게 잡고 움직여야 세부적인 계획들도 흔들리지 않을 확률이 높기 때문이다.

일 년을 4분기로 나눠서 겨울, 봄, 여름, 가을 순서로 어떻게 공부할지 계획하는 방법도 좋다. 일반적으로 겨울에는 개념 공부, 봄에 심화 공부, 여름에 개념 보완 및 심화 문제 풀이, 가을에 실전 문제 풀이 순서로 커리큘럼을 짤 수 있겠다.

일 년 단위의 계획이 거시적이고 추상적이라면 이어서 한 달 단위 계획은 적당히 큰 목표를 향하면서 구체적인 목표들을 설정하는 단계다. 이때는 어떤 문제집을 풀지, 인강은 어느 정도 분량을 들을지, 해당 달에 보는 시험의 목표 점수가 몇 점인지 등에 대해 계획한다.

한 달 단위 계획은 웬만하면 반드시 지키려고 노력하는 것이 좋다. 인터넷 강의의 진도나 문제집 풀이가 세웠던 계획에서 어긋나서 밀리기 시작하면 나중에 걷잡을 수 없이 힘들어질 수 있다.

이러한 상황을 방지하기 위해서는 처음부터 너무 무리해서 계획을 세우지 않는 것 또한 방법이다. 의욕이 앞선 나머지 무리하게 한 달 계획으로 과목당 두 권 이상 푸는 것을 목표로 했던 때가 있었다. 목표를 세울 때는 다 할 수 있을 거라는 자신감에 가득 찼지만 막상 실천해보니 시간이 너무 부족했고 현실적으로 지킬 수 있는 계획이 아니었다. 그러니 무리하게 계획을 세우기보다는 신중하게 내가 할 수 있는 정도를 고려해 계획을 세워야 한다. 속도가 붙으면 나중에 더 달리더라도 초반에는 지킬 수 있는 정도의 계획을 세우는 편이 좋다.

　다음 단계로 일주일 계획은 한 달 계획과 비슷하지만 조금 더 구체적으로 세운다. 인터넷 강의를 몇 강부터 몇 강까지 수강할 것인지, 문제집은 어떤 대단원을 끝낼 것인지 등을 정하는 단계다.

　일주일 계획이 가장 실현 가능성이 높기 때문에 스스로 할 수 있는 양을 정해서 구체적으로 계획을 세우는 것이 중요하다. 그리고 여기서 과목별 공부량을 적절하게 설정해야 하루 계획도 더 만족스럽게 세울 수 있다.

　사람마다 부족한 영역이 다르기 때문에 과목별 공부량은 기본적으로 본인에게 부족한 부분의 양을 늘리는 것이 좋다. 그런데 일반적으로 국어와 수학 영역의 비중이 크다는 점을 고려해서 이 두 영역에 절반 이상의 시간을 쏟기를 추천한다. 꼭 국어와 수학을 해야 한다는 것이 아니라 집중적으로 공부할 과목은 매주 바뀔 수 있다는 점을 염두에 두고 비율을 수정하면 된다.

　예를 들어 평소에는 국어 30%, 수학 40%, 영어 15%, 탐구 15%의 비율로 공부했는데, 수학이 부족하다고 생각되면 국어

15%, 수학 70%, 영어 5%, 탐구 10%의 비율로 유동적으로 수정할 수 있다.

마지막으로 하루 계획도 공부량을 기준으로 계획을 세웠다. 시간 단위로 계획을 세우면 어긋나는 경우가 많아서 오늘 하루 공부를 얼마나 할 것인지 계획을 세우고 그 양을 끝내겠다고 계획했다.

매일 모든 과목을 공부할 필요는 없다. 하루에 모든 과목을 다 하면 오히려 집중도가 떨어질 수 있다. 특히 개념 공부를 하는 수험생이라면 한 과목을 집중적으로 공부해야 하기 때문에, 하루에 세 과목 이내로 공부하는 것을 추천한다. 매일 모든 과목을 공부하는 것은 시험 한 달 전부터 해도 충분하다.

나의 시험 한 달 전 하루 일과를 예로 들어보자면, 오전에 수능 시간표에 맞게 국어와 수학 공부를 했다. 국어는 기출 모의고사 한 개 풀이 및 분석을, 수학은 인강 두 개를 듣고 50문제를 푸는 것으로 계획했다. 오후에는 영어와 탐구 영역 공부를, 영어는 인강 두 개 및 EBS 문제 지문, 탐구 인강 두 개 및 기출 문제 풀이를 계획했다. 저녁에는 부족한 개념의 인강을 듣고 영어 단어를 외우며 보충이나 암기 과목 공부에 초점을 맞췄다. 이렇게 하루에 공부할 범위를 설정해두고 어느 정도 루틴을 정해 공부하는 것이 효과적이다.

추가로 시간 단위로도 계획을 점검했다. 미리 시간별로 어떤 공부를 할지 어느 정도 생각해두기는 했지만, 그보다 중요한 것은 시간별로 어떻게 공부를 했는지 기록하는 것이었다.

계획보다는 점검에 가까웠다. 24시간 동안 자신이 어떻게 공부했는지 기록해두면 비효율적으로 보낸 시간이 보인다. 그런 시간들을 최대한 없애기 위해서라도 하루 시간을 점검할 필요가 있다. 보통 30분 단위나 한 시간 단위로 시간 관리를 했다.

8:00 ~ 9:00	국어 기출 문제 풀이
9:00 ~ 9:30	문제 분석
9:30 ~ 11:30	수학 인강 2개
11:30 ~ 12:30	수학 기출 문제 풀이

이러한 식으로 시간마다 내가 한 공부를 기록하는 것이다. 공부 사이사이 30분이 넘지 않는 적당한 휴식시간을 주는 것도 필

요하다.

　계획을 세우고 지키는 것, 나 자신과의 약속이자 성공의 경험이
된다. 작다고 생각하지 말고 매일 조금씩 변화하려고 노력해보자.

노트 정리는
꼭 한 번 하자

누군가는 노트 정리를 쓸데없는 시간 낭비라고 말하기도 하고, 단순 노동이라고 말하기도 한다. 물론 아무 생각 없이 노트에 단순하게 옮겨 적기만 한다면 그것은 단순 노동이 맞다. 그럴바에는 차라리 눈으로 책을 두세 번 훑는 것이 훨씬 효율적이다. 하지만 내가 말하는 노트 정리란 공부하고 있는 내용을 생각하면서 하는 정리를 의미한다.

공부 기반이 전혀 없는 노베이스일수록 손으로 쓰면서 내용을 구조적으로 정리하는 공부는 확실히 많은 도움이 된다. 직접 쓰면서 입력되는 정보도 많고 기억이 오래 갈 확률이 높다. 대신 처음 보는 내용을 무작정 옮겨 적는 것이 아니라, 한 번 공부를 한 뒤에 노트 정리를 하는 것이 좋다. 교과서 한 단원을 한 번 읽고 중요 개념들을 이해한 다음, 그 개념들을 중심으로 다시 노트에 정리해보는 것이다.

문학 작품의 경우, 내용이 짧은 시는 노트에 옮겨 적고 부가적인 필기를 덧붙인다. 동시에 시의 내용을 외우려 노력해보자. 국어 문학이나 문법은 개념적인 부분이 많기 때문에 노트 정리가 도움이 되고, 시험을 앞두고서는 정리한 노트를 활용하면 편하니 미리 만들어두는 것이 좋다. 탐구 개념도 마찬가지다. 단순히 책을 읽는 것을 넘어 배운 개념들을 정리해보면 머릿속에서 이미지로 더 잘 정리되는 경우가 많다.

노트 정리를 어떻게 해야 하는지 어렵다면 필사도 도움이 된다. 필사는 글을 그대로 따라 적는 것인데, 이미 정리가 잘 되어 있는 것을 그대로 옮겨 적으면서 정리하는 방법까지도 배울 수 있다. 아무것도 없는 상태에서 무언가를 만들어내는 것은 이제 막 공부를 시작한 수험생일수록 특히 어렵기 때문에 시작 단계에서 모범 답안을 필사해보기를 바란다.

처음 공부를 한다면 나만의 좋은 공부법을 개발하기란 무척 어렵다. 공부를 잘하는 사람들이 어떤 방식으로 공부하고, 어떻게 노트를 정리하는지 참고하면서 그것을 발전시켜 내 것으로 만드는 편이 훨씬 시간도 절약되고 효율적이다.

다시 한 번 강조하지만 노트 정리는 나의 공부 스타일이 어떤지, 내 성향이 어떤지 관계없이 꼭 한 번 해보도록 하자. 시간이 너무 많이 걸린다고 느껴진다면 간단하게 공부 내용을 구조화시키는 정도로만 해도 좋다. 하지만 평소 꼼꼼하게 정리를 해야 공부 내용이 이해가 되는 수험생, 혹은 정리를 해야 마음이 편한 수험생이라면 자신만의 노트를 구비해두는 것이 좋다. 공부한 결과물이 눈에 보이기 때문에 뿌듯함도 가질 수 있다.

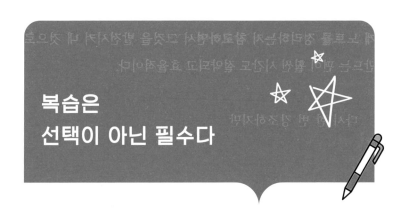

복습은
선택이 아닌 필수다

예습과 복습이 중요하다는 사실을 모르는 학생은 없을 것이다. 하지만 중요하다는 것을 알아도 그것을 실천하기가 마음처럼 잘되지 않는다. 매일 꾸준하게 시간을 들여 예습과 복습을 하는 것이 생각보다 귀찮기 때문이다. 그냥 한 번만 다시 보면 되는데, 귀찮다는 이유로 미루다 보면 어느새 배운 내용을 거의 잊게 된다.

그러나 시간이 없어 예습까지는 못 한다고 하더라도, 복습은 절대 빼먹지 말아야 한다. 열심히 배운 내용을 다 잊어버려 그동안 공부했던 것을 헛수고로 만들고 싶지 않다면 배운 내용을 최대한 빨리 익혀서 나의 것으로 만들자.

복습은 타이밍이다. 조금이라도 복습하는 타이밍을 놓치면 배운 개념을 더 빨리 잊어버릴 확률이 높다. 타이밍을 놓쳐 뒤늦게 복습하게 될 경우 분명 어디서 들었던 내용이긴 한데 처음부터 다시 공부하게 되는 상황이 벌어질 수 있다. 그렇기 때문에 수업만 들었다고 공부 내용이 내 것으로 되는 게 아니라는 것을 명심해야 한다. 스스로 그 내용을 반복해서 보아야만 공부한 것을 진정한 내 것으로 만들 수 있다.

나 역시 복습하는 것을 상당히 싫어했다. 매일 실천하는 것이 귀찮아서 미루다 보니 점점 복습해야 할 양이 커다란 눈덩이처럼 불어나 있었다.

복습을 일상적인 습관으로 만들어야 한다. 마치 양치를 하고 샤워를 하는 것처럼 말이다. 그런데 하물며 씻는 행위조차도 집에 오자마자 바로 하지 않으면, 결국 미루다가 씻지 않고 그냥 자게 되는 경우가 있다. 그럴 때 다음 날 찝찝한 기분이 들고 왜 씻지 않고 잤을까 하는 후회가 들기도 한다. 씻지 않고 자는 게 습관이 되면 나중에 치아나 피부가 많이 상할 것이다.

복습도 해야 할 때 하지 않고 미루다 보면 나중에 불어나 있는 분량을 감당하기 힘들뿐더러 배운 내용도 거의 다 잊게 될 것이다. 열심히 배운 내용을 잊어버려 그동안 공부했던 노력과 시간을 헛수고로 만들고 싶지 않다면 곧장 복습하는 습관을 들여야 한다.

3단계 복습법

오늘 배워서 며칠 뒤에 잊어버린다면 그건 제대로 된 공부가 아니다. 공부 내용을 내 것으로 소화시켜야 제대로 된 공부다.

공부 내용을 내 것으로 만들기 위해서는 최소 세 번은 복습해야 한다고 생각했다. 또한 복습을 습관화하기 위해서도 복습을 반복적으로 해주어야 했기에 나만의 '3단계 복습법'을 만들어 실천했다. 3단계에 걸쳐 각각 쉬는 시간, 일주일, 한 달로 주기를 달리해 복습해주는 방식이었다.

복습이 중요하다는 것은 알지만 언제, 어떻게 해야 하는지 그 방법을 어려워하는 수험생이라면 '3단계 복습법'을 통해 계획적이고 효율적인 복습 습관을 만들면 좋겠다.

1단계는 '쉬는 시간에 복습하기'다. 학교 수업 시간에 배운 내용은 쉬는 시간에 반드시 복습한다는 규칙을 정했다. 수업 시간에 배운 내용을 쉬는 시간에 10분만 투자해서 정리해도 배운 내용들을 조금 더 오래 기억할 수 있었다.

과목에 따라 복습을 하면 효과가 좋은 과목이 있고, 굳이 복습을 하지 않아도 되는 과목이 있는데, 암기할 양이 많은 과목일수록 미리 공부하는 것이 좋다.

예를 들어 국어나 영어는 배운 본문 내용을 다시 읽고 선생님께서 해주신 필기가 이해되었는지 확인했다. 탐구나 기타 과목은 교과서에서 배운 부분을 다시 읽어보며 그 부분의 키워드를 다시 확인했다. 나중에 키워드 위주로 외워야 하기 때문에 미리 교과서에서 키워드를 찾아두는 것이다.

수학은 상대적으로 외울 것이 별로 없기 때문에 배운 공식을 다시 한 번 살펴보거나 아니면 따로 복습하지는 않았다. 그 시간에는 화장실을 다녀오거나 하고 싶은 것을 했다. 만약 마지막 교시여서 복습할 수 없었던 과목은 집에 가서 저녁에 보는 식으로 복습을 해주었다.

짧은 시간이지만 쉬는 시간을 복습 시간으로 활용하면 편하고 간단하지만 큰 효과를 가져다준다. 더군다나 아직 복습을 제대로 해본 적이 없는 학생이라면 오랜 시간 복습에 매진하기보다는 쉬는 시간부터 차근차근 활용해보기를 바란다.

2단계는 '일주일 안에 복습하기'다. 일주일 복습은 주말인 일요일에 실천했다. 자신이 편한 요일을 정해 복습을 하면 되지만, 평일은 공부에 학교생활까지 바쁜 경우가 많아서 한 주를 마무리하는 일요일을 일주일 공부 복습 요일로 정했다.

보통은 국어, 영어, 탐구, 수학 순서로 공부를 해주었다. 학교에서 생각보다 진도를 많이 나가지는 않았기 때문에 일주일 복습이라고 해서 정리할 양이 그렇게 많지는 않았다.

국어나 영어 같은 경우에는 전 과목 배운 내용을 한 번 이상 읽고, 헷갈리는 부분을 정리해서 다시 공부하는 식으로 반복을 해주려고 노력했다. 만약 개념이 이해가 안 되는 부분이 있으면 친구에게 물어보거나 메모지에 따로 정리해놓고 다음 주에 선생님께 다시 여쭤보았다.

탐구 같은 경우도 비슷하게 교과서를 한 번씩 읽었는데, 중요 키워드 위주로 따로 노트에 정리를 해두었다. 미리 노트에 정리를 해두면 나중에 시험 기간에 중요 내용만 빨리 확인하기 좋다. 보통 과목당 한 시간 정도 소요되고, 학교 진도에 따라 조금 더 공부해야 할 수도 있다.

수학은 따로 교과서를 많이 본다고 해서 실력이 오르는 것 같지 않았기 때문에 배운 개념에 해당하는 문제를 문제집으로 풀었

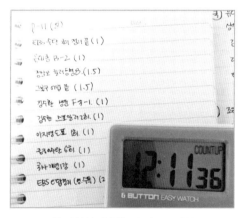

일주일 복습해야 할 목록과 공부 기록

다. 내신 대비용으로 나온 문제집들을 구매해서 그날 30문제 정도 푸는 것을 목표로 했다. 처음에는 수학을 못해서 푸는 데 두 시간이 넘게 걸렸는데, 개념과 원리를 이해하고 나면서 푸는 속도가 훨씬 빨라졌다. 풀지 못하는 문제가 있을 때는 해설지를 보거나 친구한테 물어보면서 해결했다.

마지막 3단계는 '한 달 공부 복습하기'다. 2단계에서 일주일 주기로 복습했다면 3단계에서는 그것보다 조금 길게 한 달을 주기로 복습을 했다.

한 달 동안 배웠던 것들을 쭉 정리하면서 어렵거나 이해하지 못했던 부분을 다시 점검했다. 그동안 얼마나 많은 양들을 공부했는지도 확인할 수 있었다.

보통 마지막 주 일요일에 한 달 동안의 내용을 쭉 정리해줬는데, 아무래도 양이 많이 쌓이는 만큼 복습하는 데에 시간이 걸렸다.

수학보다는 암기가 필요한 과목인 국어, 영어, 탐구 위주로 살폈고, 과목당 두 시간 이상의 정리 시간이 필요했다. 교과서 내용을 꼼꼼하게 다 살펴보기보다는 핵심적인 단어나 문장 위주로 읽으면서 그동안 어떤 내용을 공부했는지 파악했다. 그러다가 헷갈리는 개념이나 잘 와닿지 않는 부분이 있으면 정리해두었다가 선생님께 다시 여쭤보았다.

이렇게 미리 확인을 해두지 않으면 시험 날 직전에 선생님께 질문을 하게 되는 불상사가 일어날 수 있고, 최악의 경우에는 답을 듣지 못할 수도 있다. 그러니 미루지 말고 자신이 배운 내용을 익히고 모르는 것을 점검하는 것이 중요하다.

빵을 만든다고 생각해보자. 밀가루를 체에 많이 거르면 거를수록 밀가루는 곱게 내려지고, 밀가루 입자가 작으면 작을수록 빵은 부드럽고 맛있어진다.

'복습'이 바로 공부한 내용을 체에 거르는 일이라고 보면 된다. 수업 시간에 처음 배운 내용을 한 번 체에 거르면 공부 내용을 완벽하게 이해하지 못하고 헷갈리고 어려운 부분들이 남아 있을 것이다. 그러나 세 번에 걸쳐 공부한 내용을 복습이라는 체에 걸러내면 완성도 높은 공부를 해낼 수 있다. 또한 맛있는 빵일수록 사람들은 그 맛을 쉽게 잊지 못한다.

1년 내내 꾸준히 복습하는 일이 쉽지는 않다. 말 그대로 쉬는 시간인데 '에이, 지금은 한 번 쉬자'라고 건너뛸 수도 있지만, 한 번이라도 흐름이 끊기면 다시 돌아오기가 어렵다. 한 번 쉴 때에는 '쉬어도 되나' 싶어 마음이 무겁지만 두 번, 세 번 반복되면 복습해야겠다는 다짐은 쉽게 무너지고 '쉴 수도 있지' 하며 나 자신에게 관대해진다.

배운 내용을 금세 잊어버리는 학생들, 암기에 약한 수험생일수록 빠른 복습이 중요하다. '나도 다음에 해봐야지' 하는 안일한 생각은 버리고 오늘부터 배운 내용들을 정리해보는 연습을 해보자.

한 번만 흐름이 끊겨도 모든 것을 망쳤다고 생각하고 다시 시작하기를 두려워하는 학생들이 있다. 그러나 회피하는 방법은 결코 공부에 도움이 되지 않는다.

계획했던 것과 다르게 조금 어긋나더라도 멈추지 않고 하나씩 쌓아간다면 분명히 노력한 만큼의 결과가 돌아올 테니 꾸준히 계속하길 바란다.

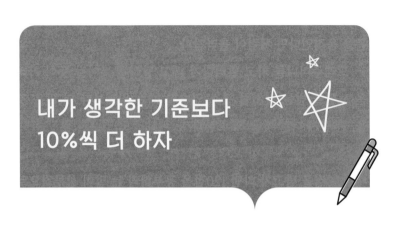

내가 생각한 기준보다
10%씩 더 하자

공부할 때 중요하게 생각한 원칙 중 하나가 바로 '무엇을 하든 내 생각보다 최소 10%씩 더 하자'였다. 이건 공부할 때뿐만 아니라 무엇을 하든지 나의 성장을 위해서 기억해야 할 점이라고 생각한다.

예를 들어 운동을 한다고 생각해보자. 적당히 힘들 때까지만 운동을 하면 어느 정도 체력을 유지하는 데에는 도움이 되겠지만, 기본 체력을 더 성장시키지는 못한다. 숨이 턱 끝까지 차올라서 더 이상은 못할 것 같다는 생각이 들 때, 딱 한 번이라도 더 몸을 움직인다면 체력이 올라간다.

모래주머니를 차고 달리다가 빼고 달리면 날아갈 듯이 가벼운 느낌을 받는 것처럼 평소 연습할 때는 원래보다 더 많은 것을, 한 단계 더한 것을 해야 한다.

'100점을 받고자 하면 120점을 공부하라'는 말이 상투적으로 들릴 수 있겠지만, 성적 향상을 위해서는 잊어서는 안 되는 말이라고 생각한다.

100점짜리 공부만 하면 100점을 받을 수 없다. 실전 시험에서는 긴장도 되고, 다양한 외부 요인 때문에 평소보다 제대로 실력 발휘를 못할 수 있다. 그렇다면 그 온갖 외부 요인에도 흔들리지 않는 실력을 만들어야 한다. 제출한 답안은 다시 고칠 수 없고, 그때 가서 '그렇게 할걸…'이라고 핑계를 대봤자 오답이 정답으로 바뀌지 않는다.

'컨디션이 안 좋아서' 식의 핑계는 합리화될 수 없다. 컨디션이 안 좋았음에도 불구하고 시험을 완벽하게 끝냈다는 말이 훨씬 더 멋있지 않을까?

그래서 나는 하루 계획한 양의 10%씩 더 공부했다. 공부하고자 하는 난이도보다 10% 더 어려운 내용을 풀었다. 하루에 세 시간 공부하겠다고 했다면 네 시간 동안 공부했고, 10문제를 풀겠다고 했다면 15문제를 풀었다. 그렇게 해야 날이 갈수록 발전할 수 있다. 매일 똑같이 공부한다면 성장이 아니라 그저 실력을 유지하는 것에 불과하다.

혼자 공부하는 수험생일수록 곁에 비교 대상이 없기 때문에 내가 어떤 위치, 어느 정도의 실력인지 객관적으로 파악하기가 어렵다. 남들과 경쟁하기보다는 나 자신과 경쟁하라는 말이 틀린 것은 아니다. 하지만 때로는 다른 사람들과의 비교, 경쟁도 필요하다. 내 나름대로 엄청나게 열심히 공부했다고 생각했는데, 남들과 비교했을 때 터무니없이 적은 노력이라고 느끼던 때가 많았다. 그래서 최대한 공부를 잘하고 열심히 하는 사람들을 벤치마킹해서 나의 기준 자체를 높이려 했다.

친구들이 수능 시험과 무관한 공부를 하고 있을 때, 예전의 나라면 '거기까지는 안 해도 되겠지'라며 넘겼겠지만, 10%의 공부를 더하는 습관을 갖게 된 후부터는 어떤 것이든 시험과 관련될 가능성이 있다고 생각하고 전부 공부하려 했다.

'여기까지 공부를 해야 할까?', '이것까지 알아야 할까?'라는 생각은 지워버리자. 실전에서는 어떤 문제가 나올지 모른다. 여기까지 공부해야 하고, 이것을 넘어 저것까지 알아야 시험에서 당황하지 않고 문제를 풀 수 있다.

항상 모든 부분에서 과도하다고 생각이 들더라도 더 많은 것을 받아들여야 한다. 특히 평소에 핑계를 대면서 괜찮다며 나 자신에게 관대했다면 이제라도 본인에게 엄격해져야 한다. 기준을 높이고 그것을 실천하는 게 쉽지는 않겠지만 '여기서 그만해야지' 하는 생각이 들 때 한 번 더 시도한다면 분명히 고통스러웠던 만큼의 성장이 뒤따를 것이다.

배운 내용을
단권화하라

처음 공부하는 친구들이 공부를 어려워하고 배운 내용을 기억하지 못하는 이유는 단순하다. 말 그대로 공부한 내용을 처음 봤기 때문이다. 뛰어난 천재가 아닌 이상 한 번만 보고 모든 내용을 기억하는 사람은 없다. 그리고 대부분의 사람들은 천재가 아니다.

친구가 공부 내용을 술술 외우는 것을 보고 저 친구는 아마 선천적으로 암기 능력이 뛰어날 거라고 생각한다. 실제로 그런 친구일 수도 있겠지만 아마 그 친구는 반복적으로 보고, 읽고,

공부했을 확률이 더 높다. 서당 개 삼 년에 풍월을 읊는다는 속 담처럼 같은 내용을 반복해서 들으면 어느새 그 내용에 익숙해 지기 마련이다. 단권화는 바로 이러한 점에서 매우 좋은 공부법 이다.

'단권화'는 배운 내용을 한 권으로 정리하는 방법이다. 성적을 올 리는 데 효과적인 공부 습관이자 실제로 상위권 학생들이 많이 사용 하는 공부 방법이기도 하다. 오랜 수험생활을 하면서 깨달은 공부의 핵심은 바로 '반복'과 '고민'이었는데, 단권화의 가장 큰 장점은 배운 내용을 반복해서 정리할 수 있다는 점이었다.

단권화의 효과를 가장 크게 봤던 과목이 바로 탐구 과목이었 다. 아무래도 범위가 한정되어 있고 정확한 암기를 필요로 하는 과목인 만큼 단권화의 장점이 빛을 발했다.

효과적으로 단권화하는 방법

공부할 때 활용하는 책들은 주로 교과서, 자습서, 평가 문제집, EBS 교재, 기출 문제집이었다. 이 책들에 수록된 개념들을 한곳에 모두 필기했다.

책에 담긴 개념에는 공통적인 부분도 있고 책마다 차이가 나는 부분도 있다. 우선 모든 책에서 공통적으로 설명하는 개념들을 쭉 옮겨 적었다. 공통 내용이 탄탄하게 잡혀 있어야 가지를 뻗으며 다른 내용들의 정확한 이해까지 가능했다. 그래서 그 다음으로 자습서에는 없지만 평가 문제집에서 얘기하는 개념들을 부가적으로 옮겨 적었다. 이후에 EBS, 교과서, 기출 문제집도 마찬가지로 계속해서 덧붙이면서 개념들을 추가해갔다.

단권화를 하는 과정에서 문제집을 최소 5회독 이상 하게 되었다. 5회독 이상을 하다보니 모르는 개념이 거의 없었다. 단권화를 막 시작했을 때는 필기하는 시간이 오래 걸리고, 손도 너무 아팠다. 그래서 보통 졸릴 때 노트 정리를 많이 했다. 만약 따로 노트에 정리할 시간이 부족하다면 굳이 노트에 옮겨 적지 않고 책에 바로 필기해도 좋다.

단권화한 노트가 완성됐다면 그것을 반복적으로 보면서 정리한 내용들을 전부 외우려고 노력했다. 처음에는 전체적인 줄기를 머릿속에 넣었다면, 그 이후에는 세부적이거나 지엽적인 개념들을 외웠다. 예를 들어 교과서 본문에 제시된 핵심 키워드를 먼저 외우고, 그 이후에는 교과서 날개 부분에 작게 적혀 있는 세부적인 개념 순으로 암기했다.

사회 탐구 같은 경우에는 한 과목당 단권화를 하는 데 한 달 정도의 시간이 걸렸다. 단권화를 하다 보면 시간이 걸리고, 피곤하다고 느껴질 수 있지만 실제로 단권화를 하고 나서 2~3등급을 오가던 사회 탐구 과목을 안정적인 1등급으로 끌어올릴 수 있었다.

꼭 사회 탐구가 아니더라도 내신에 나오는 문학 작품이나 문법 개념 등도 단권화를 하면서 효과를 볼 수 있었다. 긴 문학 작품이라면 노트에 일일이 적는 것이 비효율적이다. 그러나 짧은 시는 전문을 노트에 옮겨 적고 그 위에 추가로 학교에서 선생님께서 해주신 필기와 자습서, 평가 문제집에 나와 있는 필기들을 적었다.

손으로 일일이 내용들을 쓰면 손이 너무 아프기도 하고, 시간이 너무 오래 걸려서 차라리 책을 보며 외우는 것이 더 낫지 않냐고 묻기도 한다. 하지만 눈으로 볼 때와 손으로 쓰면서 외울 때의 느낌은 확실히 다르다. 암기를 할 때 꼭 하나의 감각만 사용하지 않고 다양한 감각을 활용하면 그만큼 암기한 내용이 더 오래 가는 경우가 많았다. 그래서 손을 쓰면서 외우는 것이 절대 시간을 낭비하는 일이라고 생각하지 않았다. 특히 스스로 암기가 더디다고 생각하는 수험생일수록 손을 쓰면서 외우는 방법을 시도해보길 바란다.

물론 단권화가 필기만 하는 공부 방법은 아니다. 아무 생각 없이 멍하게 쓰기만 하는 것이야말로 정말 시간 낭비다. 진정한 단권화는 단순히 옮겨 쓰기가 아니다. 쓰기 위해서 책을 전체적으로 한 번 읽어봐야 하고, 책 안에 들어 있는 정보들을 이해해야 한다. 받아 적으면서 동시에 이해하려 노력하는 것이다. 그리고 써놓은 내용들을 다시 반복해서 읽으며 이해하고 암기하는 과정이 바로 단권화다.

보통 단권화하기 가장 좋은 시기는 방학 때다. 개념을 막 시작하는 겨울 방학도 좋고, 부족한 과목을 보충하는 여름 방학도 좋다. 나는 3학년 1학기 기말고사가 끝난 직후부터 여름 방학까지 단권화를 했다. 개념을 전체적으로 한 번 훑은 뒤 어느 정도 문제를 풀어본 상태에서 단권화를 하니까 개념이 압축적으로 정리되는 기분이 들었고, 복습의 효과가 컸다.

핑계를 대거나
합리화하지 말자

나는 고등학교 시절 별명이 합리화의 달인이었다. 한 친구는 내게 기네스북에 올라갈 정도로 모든 일에 변명을 잘한다고 했다. 사실이었다. 어떤 일이 안 되면, 왜 안 된 것인지 그 일을 내가 아닌 외부에서 찾았다.

그것이 독이 되는 것인지를 알았음에도, 스스로를 변화시키려 하지 않았다. 게으른 완벽주의자 성향을 가지고 있었기에 완벽하지 못할 바에는 안 하겠다는 주의였다. 자존심을 지키기 위해서라도 문제의 원인을 나의 부족이 아닌 다른 것으로 핑계를 대야 마음이 조금 더 편했다. 그런데 쌓여가는 핑계들은 오히려 스스로를 못나게 만들었고, 노력하지 않은 만큼 발전도 없었다.

정신을 차려야겠다고 생각한 것은 고등학교 2학기 말, 3학년을 앞두고 나서부터였다. 3학년 성적이 안 나오면 정말 대학교에 진학하기가 어려웠다. 더 이상 어떤 핑계도 먹히지 않았다. 예전에는 나중에 열심히 하면 된다는 핑계로 미루고 미뤘는데, 3학년을 앞두고 나니 나 자신이 낙오자로만 여겨졌다. 수능 때도 마찬가지일 것이라는 생각이 들었다. 점수가 안 나오면, 내 탓이 아니라며 어떻게든 남 탓을 찾아낼 게 뻔했다. 정말 한심하고 못난 모습이었다. '그렇게까지는 되지 말자. 언제까지 핑계만 대면서 살 거야.' 내게 물었다. 이런 생각이 점점 들면서 성격을 개조해야겠다는 필요성을 느꼈다.

완벽주의 성향부터 버리자고 생각했다. 능력과 노력이 뒷받침되는 완벽주의는 더할 나위 없지만, 둘 중 하나라도 부족한데도 완벽하기만을 바란다면 스스로를 갉아먹게 된다. 그러니 초반에는 완벽하지 않아도 된다고 인정할 수 있어야 한다.

누구든 시작은 어설프고 만족스럽지 않기도 하다. 그렇지만 부족한 시작으로부터 훌륭한 결과가 나올 수 있다. 그래서 실수를 하고 넘어지더라도 우선은 시도해보는 것이 무엇보다 중요하다.

학원을 다닐 때 주말마다 시험을 봤다. 시험을 본 뒤에는 성적이 높은 학생부터 차례대로 등수가 적힌 종이를 학원에 붙여 놨다. 다른 학생들에게 내 성적을 들키는 것이 부끄러워서 시험을 보지 않거나 친구의 답을 베끼곤 했다. 그러니 당연히 학원에 다녀도 성적이 오르지 않았다.

더 이상 이래서는 안 되었다. 처음으로 내 실력으로 시험을 쳤고, 진짜 내 점수가 친구들에게 공개됐다. 거의 꼴등에 가까운 점수였다. 친구들이 내 등수를 보곤 살짝 비웃었던 것 같기도 하다. 하지만 그날, 진짜 내 점수를 마주하고 나니 부끄러운 점수를 만회하기 위해서라도 더 열심히 공부해야겠다는 생각이 들었다. 그래서 친구들의 도움 없이 내 힘으로 점수를 올리기 위해 일주일 동안 정말 최선을 다해 공부했다. 다음 시험 전까지 1,000문제의 수학 문제를 풀면서 피를 토할 정도로 공부한 결과 주말마다 치르는 시험에서 점수가 점점 올라갔다. 바닥을 밑돌던 등수도 점점 위로 올라갔다.

공부를 하다 보면 '어쩔 수 없었어' 하며 내가 그렇게밖에 할 수 없었던 핑계를 대기도 하고, '문제가 이상하게 출제됐어'라며 문제 탓을 하기도 한다. 하지만 문제는 잘못이 없다. 잘못은 모두 내게 있다.

어렵거나 헷갈리는 문제가 있으면 문제가 이상하다며 피하려고 했던 게 내 예전 모습이었다. 그러나 핑계를 대지 않고, 외부 요인을 탓하지 않기로 결심하고 나서부터는 진심을 다해 문제를 풀었다.

핑계거리를 찾고 그것을 합리화하는 행동은 공부를 망치는 습관이다. 어떤 문제를 틀렸다면, 공부가 잘되지 않았다면 그 이유를 내게서부터 찾아보자. 어떤 책임도 지고 싶지 않아서 자꾸만 회피하는 못난 모습을 보이고 있지 않은지 돌아보자. 만약 내게 그런 모습이 보인다면 이제라도 지워가는 노력이 필요하다.

'그때 그렇게 했다면, 이렇게 될 수 있었을 텐데…'라며 후회해봤자 소용없다. 상상은 누구나 할 수 있다. 하지만 그 상상을 실현시키는 사람은 많지 않다. 내가 원하는 모습이, 그 장면이 간절하다면 핑계보다는 내가 왜 실수했는지 반성하고, 그것을 고치기 위해서는 무엇을 개선해야 하는지 찾아보자. 그렇다면 나도 모르는 사이에 원하던 목표와 가까워져 있을 것이다.

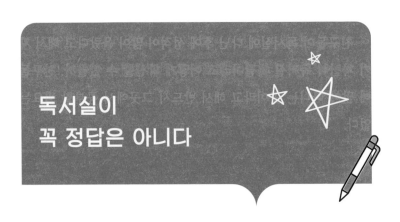

독서실이
꼭 정답은 아니다

　수험생들이 공통적으로 가지는 고민 중 하나가 공부 장소가 아닐까 싶다. 사람마다 특성이 다르니 장소의 특성을 알고 본인에게 맞는 공부 장소를 선택해 공부하는 것이 좋겠지만, 모든 장소에서 공부하고 장단점을 따지기엔 시간이 없다. 어떻게 공부해야 하는지 고민하기에도 부족한데, 어디에서 공부해야 하는지 고민이라면 지금 설명하는 각 장소의 특성을 보고 자신에게 맞는 공부 장소를 찾을 수 있기를 바란다. 매일 장소를 바꾸는 것도 문제겠지만, 그렇다고 해서 꼭 한 장소에 머무를 필요는 없다.

친구들이 독서실에 다닌 후에 성적이 많이 올랐다고 해서 자기 자신이 독서실 체질이라고 어떻게 확신할 수 있을까. 친구들이 많이 다니는 곳이라고 해서 반드시 그곳에서 공부할 필요는 없다. 내가 어떤 공부 스타일을 갖고 있고, 어떤 환경에서 가장 잘 집중하는지를 되짚어본 후에 공부하는 장소, 환경을 찾아갈 수 있어야 한다.

내게 맞는 공부 장소 찾기

　우리가 보통 공부하기 위해 찾는 장소는 크게 다섯 군데로 나눌 수 있다. 학교, 도서관, 스터디카페, 독서실, 그리고 집이다. 자습실이 있는 학원은 제외하겠다.

★ 학교

　N수생이 아니라면 학교에서 보내는 시간이 많다. 때문에 고3 수험생들은 학교에서 집중하지 못하면 공부를 많이 할 수 없다. 하지만 교실에서 공부에 집중하기에는 집중을 방해하는 요소들이 많다. 쉬는 시간마다 옆에서 노는 친구들이 있고, 내게 말을 걸어오는 친구들도 있다. 그리고 책상에 계속 앉아 있다보면 졸음이 쏟아지기도 한다.

　그래서 나는 스탠딩 책상을 많이 이용했다. 서 있으면 졸음도

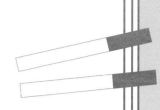

어느 정도 막을 수 있고, 약간은 분리된 공간이기 때문에 집중이 되었다.

야자를 하는 학교라면 교실 환경을 내가 공부하기 편하게 만들어주면 좋다. 방석이나 가림막처럼 학교를 나만의 독서실로 만든다고 생각하고 최대한 친구와 떠들 수 없도록 공부 환경을 조성하는 것이 좋다.

★ 도서관

학교를 제외한 나머지 장소들은 내가 스스로 선택할 수 있는 공부 장소다. 그래서인지 더 고민이 되기도 한다. 개인적으로 내가 가장 선호하는 공부 장소는 도서관이었다.

집 주변에 공립 도서관이 있었는데, 트여 있는 공간이었고 열심히 공부하는 사람들이 많아서 자극을 받으며 공부할 수 있었다. 특히 독학으로 공부를 할 때는 막혀 있는 공간보다는 트여 있는 공간이 덜 답답해서 하루 종일 앉아서 공부해야 하는 내게 알맞았다. 주변 사람들을 의식해서라도 엎드려서 잠을 잘 수도 없었기 때문에 자기 관리를 하는 데에도 도움이 되었다. 식당이 있는 도서관도 많아서 혼자 밥을 먹는 데에도 부담이 없었다.

★ 스터디카페

집 주변에 도서관이 없다면 스터디카페를 이용하는 것도 좋다. 요즘 스터디카페는 다양한 좌석과 콘셉트를 가지고 있다. 어떻게 보면 독서실과 도서관을 합쳐놓은 느낌이기도 하다.

스터디카페에도 열심히 공부하는 사람이 많기 때문에 자극을 받으며 공부할 수 있고, 상황에 따라 좌석을 이동할 수도 있어서 덜 답답한 느낌이 들 것이다.

다만 밖에서 식사를 해결해야 하기 때문에 근처에 있는 식당까지 함께 고려해야 할 수 있다. 스터디카페와 집과의 거리가 가깝다면 식사는 집에서 해결하는 것이 좋겠다. 도서관과 비교해 스터디카페를 이용하는 데 비용이 들기 때문이다. 하지만 좋은 시설에서 공부한다는 점을 따져본다면 투자할 만한 공간이기도 하다.

★ 독서실

독서실은 많은 학생이 선호하는 공부 장소 중 하나다. 보통 공부를 한다고 하면 독서실에 가서 공부한다고 생각할 정도로 독서실은 공부를 위해 만들어진 장소다.

하지만 막혀 있는 독서실에는 확실한 장단점이 있다. 장점은 온전히 집중할 수 있는 공간이기 때문에 잘 활용한다면 집중력을 최대한 끌어올려 공부 효과를 높일 수 있다. 하지만 공부 시간이 길어질수록 독립된 공간에 있으면 느슨해질 수 있다.

경험에 비춰보자면 독서실에서 일주일 동안 공부했을 때, 도저히 졸음을 참을 수 없어 두 시간 넘게 잠만 자고 온 경험이 있다. 그렇게 독서실에서 잠을 자는 것이 습관이 되면 독서실에 가는 의미가 없다.

게다가 하루 종일 독서실이라는 닫힌 공간에만 있게 되면 쉽게 우울해질 수 있다. 나는 좁은 독서실에 있다가 우울한 기분이 들어서 오전, 오후 동안은 도서관에서 공부를 하다가 저녁에 독서실에 가서 암기 공부를 했다. 꼭 집중해서 끝내야 하는 공부가 있을 때에만 독서실이라는 공부 공간을 활용했다.

★ 집

집은 사실 공부를 위한 장소로 크게 추천하지 않는다. 집에서는 가족들이 생활하고 있기도 하고, 집이 주는 편안함에 느슨해질 확률이 높다.

집에서도 긴장하고 의지를 가지고 해보자고 했지만 집에서는 시간을 날리는 경우가 허다했다. 책상에 앉아 있다가도 언제든지 침대에 가서 누울 수 있었고, 익숙한 물건들이 자꾸만 공부를 방해했다. 그래서 개인적으로는 최대한 집 밖으로 나와서 공부하는 것을 추천한다.

불가피하게 집에서 공부해야 하는 경우라면 책상과 침대를 분리하고 책상 주변을 깨끗이 정리하는 것이 좋다. 공부에 필요한 것들 이외에는 전부 눈에 보이지 않게 치워두어야 한다. 컴퓨터나 태블릿 같은 전자기기는 빠질 위험이 크기 때문에 웬만하면 숨겨두는 것이 좋고, 집을 독서실처럼 꾸미는 것도 나름의 방법

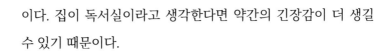

이다. 집이 독서실이라고 생각한다면 약간의 긴장감이 더 생길 수 있기 때문이다.

3장

상위 0.1%로 향하는 과목별 맞춤 공부법

만점으로 가는 국어 공부법

80분 동안 총 45문항을 풀어야 하는 국어는 언뜻 가장 편한 과목처럼 보이겠지만, 대다수의 학생이 어려워하는 과목이기도 하다. 그렇게 열심히 준비했던 수능에서 가장 처음으로 마주하는 과목이기도 하고, 시험지에 빽빽하게 쓰여 있는 지문과 문제들 앞에 서면 긴장감이 커지기 때문이다.

더욱이 첫 단추를 잘 꿰어야 한다는 부담감 때문에 1교시 국어 영역에서 제 실력을 모두 발휘하지 못하고 시험을 망치면 이후 남은 과목들의 시험에서 부담감을 안게 된다. 내가 1교시 국어 시험을 끝내자마자 '중도 포기하고 갈까' 하고 생각했던 것처럼 말이다. 반면에 국어에서 자신감을 얻으면 그날의 수능을 좋은 흐름으로 가져갈 수 있다.

★ 비문학

많은 수험생이 비문학 파트에서 오답률이 높기 때문에 모의고사, 수능에서 고득점을 받기 위해서는 비문학을 정복해야 한다. 비문학은 독해력과 사고력을 요구하지만, 글을 읽고 이해하는 능력은 비문학에서뿐만 아니라 모든 과목의 공부에서 도움이 된다.

독서를 많이 해야 비문학을 잘 풀 수 있지 않느냐는 질문을 많이 받는다. 독서 경험이 풍부할수록 국어 실력에 도움이 되겠지만, 그렇다고 평소에 독서를 하지 않았다고 해서 높은 점수를 받을 수 없는 것은 아니니 너무 걱정하지 않아도 된다. 훈련을 통해 독해력은 충분히 기를 수 있다.

여러 지문을 많이 접해라

비문학은 크게 인문, 사회, 과학, 기술, 예술 제재로 나뉜다. 문과 성향을 가진 수험생이라면 보통 인문, 사회 지문을 선호하고, 이과 성향을 가진 수험생이라면 과학, 기술 지문을 선호한다. 이 말을 다르게 생각해본다면, 자신에게 익숙한 제재의 글이 나올수록 쉽다고 생각하기 때문에 비문학에서 절대적인 난이도를 판단하기는 어렵다는 말이 된다. 과학 탐구를 배운 학생이라면 과학 관련 지문이 경제 지문보다 훨씬 편하게 느껴질 수밖에 없다.

그래서 비문학을 잘하고 싶다면 우선 모든 제재와 친숙해지는 연습을 하는 것이 중요하다. 그러기 위해서는 다양한 분야의 글을 많이 읽어봐야 한다. 내가 어렵다고 생각하는 분야의 글일수록 더 많이 읽고 접하면서 친숙함을 쌓아야만 글에 대한 부담감을 덜 수 있다.

처음 공부하는 학생일수록 잘하는 부분만 연습하고, 못하는 부분은 끝까지 피하며 입맛대로 공부하기도 한다. 그러나 편식하듯 공부해서는 안 된다. 못하는 부분일수록 먼저 연습하고 공부하는 것이 훨씬 효율적이다.

나는 문과 성향이 강해서 상대적으로 과학, 기술 지문에서 많은 부담감을 느꼈다. 그래서 일부러 과학, 기술 지문을 다른 지문보다 세 배 이상 많이 봤고, 기본적으로 알아야 하는 상식들을 따로 공부하기도 했다.

예를 들어 부력, 중력, 항력과 같은 개념은 기본적으로 알고 있어야 할 필수 지식이라고 생각해서 따로 공부를 했다. 개념을 미리 알고 있을 때 글이 훨씬 더 빠르게 이해되기 때문에 시간적 여유가 있는 학생들은 어느 정도 배경 지식을 공부하는 것이 좋다. 그리고 어떤 모의고사에서는 문제를 출제할 때 기본 상식이라고 여겨지는 부분은 따로 개념 설명을 해주지 않기도 하니 모의고사에서 다룬 개념들은 공부하도록 하자.

물론 이건 권장 사항이고, 절대적으로 중요하다고 할 수는 없다. 더 중요한 것은 지문 자체에 대한 이해력과 관찰력을 높이는 것이다. 다음 내용에서 더 자세히 설명하겠다.

요약하는 훈련을 하자

다음으로 비문학 문제를 풀기 위해서는 글을 전체적으로, 세부적으로도 볼 줄 알아야 한다.

글을 전체적으로 본다는 것은 글의 흐름을 파악할 수 있어야 한다는 의미. 글을 전체적으로 바라보는 눈을 갖기 위해서는 우선 문단별로 핵심 문장과 핵심 단어를 찾는 것이 중요하다. 그리고 그 내용들을 연결지어 글이 전체적으로 어떤 흐름으로 짜여 있는지 파악해야 한다.

문단 내에서 핵심 문장을 어떻게 찾아야 하는지 감을 잡기가 어렵다면, 우선 문단을 한두 문장으로 요약해보면서 감을 익히는 훈련이 필요하다. 문단 내용을 추려가면서 가장 중요한 내용만 남을 때까지 요약하는 것이다. 예를 들어 살펴보자.

우리는 한 대의 자동차는 개체라고 하지만 바닷물을 개체라고 하지는 않는다. 어떤 부분들이 모여 하나의 개체를 이룬다고 할 때 이를 개체라고 부를 수 있는 조건은 무엇일까? 일단 부분들 사이의 유사성은 개체성의 조건이 될 수 없다. 가령 일란성 쌍둥이인 두 사람은 DNA 염기 서열과 외모도 같지만 동일한 개체는 아니다. 그래서 부분들의 강한 유기적 상호작용이 그 조건으로 흔히 제시된다. 하나의 개체를 구성하는 부분들은 외부 존재가 개체에 영향을 주는 것과는 비교할 수 없이 강한 방식으로 서로 영향을 주고받는다.

이 지문에서는 '개체'라는 개념을 중점적으로 설명하고 있다. 그리고 세 번째 문장에서 '일단 부분들 사이의 유사성은 개체성의 조건이 될 수 없다'라고 해서 개체라고 부를 수 있는 것들에 대한 조건이 나온다. '조건'은 글에서 중요하게 확인해야 하는 부분 중 하나다. 그리고 마지막 문장은 앞의 문장과 같은 맥락으로 다뤄지기 때문에 굳이 요약할 필요는 없다. 그리하여 중요한 정보를 기준으로 요약해보면 이렇게 될 수 있겠다.

> 부분들이 모여 개체를 이루기 위한 조건은 유사성이 아닌 강한 유기적 상호작용이다.

이렇게 지문에 대한 중요 정보를 모아 한 단락을 한 문장으로 요약해보는 연습은 독해력 향상에 도움이 된다.

처음부터 꼼꼼하게 읽을 필요는 없다

요약을 할 수 있으려면 지문에서 중요 정보를 뽑아낼 수 있어야 한다. 보통 개념에 대한 정의, 조건, 원인과 결과, 예외사항 등의 부분이 강조되는 경우가 많다. 그리고 문단 내에서 보통 마지막 문장을 중심으로 요약하는 것이 좋다.

실제로 문제를 풀 때 처음에는 지문을 가볍게 훑은 다음 다시 글을 세부적으로 읽으면 좋다. 처음부터 모든 부분을 꼼꼼하게 오래 붙잡고 있으면 시간만 오래 걸릴 뿐 막상 문제를 풀려고 보면 기억에 남는 정보가 거의 없다. 그래서 시간을 줄이기 위해서라도 지문을 처음 봤을 때는 모든 정보를 파악하지 않고 대략적인 정보만 파악해야 한다. 그리고 이후에 문제를 풀 때 지문을 다시 보는 것이다.

예를 들어 지문에서 두 번째 문단에 특정 개념에 대한 설명이 많이 나온 경우, '두 번째 문단에 A라는 개념에 대한 정보가 많으니 이따가 A에 대한 문제가 나오면 두 번째 문단을 살펴봐야겠다'라는 생각을 가지고 가볍게 훑었다. 다음의 예시를 보자.

2020학년도 9월 국어 모의고사 출제 지문 일부

물건의 소유권이 양도되려면, 소유자가 양도인이 되어 양수인과 유효한 양도 계약을 하고 이에 더하여 소유권 양도를 공시해야 한다. 점유로 소유권이 공시되는 동산의 소유권 양도는 점유를 넘겨주는 점유 인도로 공시된다. 양수인이 간접점유를 하여 소유권 이전이 공시되는 경우로서 '점유개정'과 '반환청구권 양도'가 있다. 예를 들어 A가 B에게 피아노의 소유권을 양도하기로 계약하되 사흘간 빌려 쓰는 것으로 합의한 경우, B는 A에게 피아노를 사흘 후 돌려달라고 요구할 수 있는 반환청구권을 가지게 된다. 이처럼 양도인이 직접점유를 유지하지만, 양수인에게 점유 인도가 이루어진 것으로 간주되는 경우를 점유개정이라고 한다. 한편 C가 자신이 소유한 가방을 D에게 맡겨두어 이에 대한 반환 청구권을 가지게 되었는데, 이 가방의 소유권을 E에게 양도하는 계약을 체결하였다고 하자. 이때 C가 D에게 통지하여 가방 주인이 바뀌었으니 가방을 E에게 반환하라고 알려주면 D가 보관 중인 가방에 대한 반환청구권은 C로부터 E에게 넘어간다. 이 경우를 반환청구권 양도라고 한다.

이 지문을 보면 정보량이 굉장히 많고 예시도 많이 담겨 있어서 읽는 데 시간이 걸린다. 그런데 처음부터 지문 속에 담긴 정보를 꼼꼼히 이해하기보다는 '이 문단은 점유개정과 반환청구권 양도에 관한 이야기를 하고 있구나. 만약 이따 점유개정이나 반환청구권 양도에 대한 문제가 나온다면 이 문단을 다시 꼼꼼하게 읽어야겠다'라고 생각했다.

중요한 부분을 위주로 훑어보듯 스캔해서 읽어주면 글을 읽는 데 시간을 많이 단축할 수 있다.

정보가 많을수록 구조화하자

비문학에서는 두 가지 이상의 개념이 서로 비교, 대조되었을 때 각 개념의 공통점과 차이점을 파악하는 것이 매우 중요하다.

그래서 A라는 개념과 관련이 있는 단어들을 한데 묶어주고, B라는 개념과 관련이 있는 단어들을 한데 묶어주는 식으로 지문을 보는 방법이 무작정 글을 읽는 것보다 훨씬 이해하기 쉬웠다. 예를 들면 이렇다.

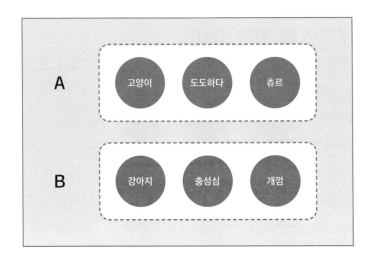

'고양이', '도도하다', '츄르'가 모두 같은 맥락으로 이어지는 경우 이 세 가지를 모두 A라는 개념으로 묶어서 생각했다. 이어서 '강아지', '충성심', '개껌'이라는 단어가 모두 같은 맥락이라면 이 개념들은 B라는 하나의 개념으로 묶어서 이해했다. 그 후에 문제를 풀면 오답을 더 쉽게 가려낼 수 있다.

만약 '고양이는 충성심이 강하다'라는 선지가 나왔다면, 제대로 된 선지일까? 아니다. 고양이는 A에 해당되고, 충성심은 B에 해당되기 때문에 'A는 B다'라는 말이 되어 옳지 않다. 이런 식으로 정보량이 많은 지문을 간단하게 구조화해서 보는 것이 비문학을 빠르고 쉽게 풀 수 있는 방법이다.

출제되기 좋은 부분은 체크하자

지문에서 '그러나', '그런데', '하지만' 같은 접속 부사가 나온다면 반드시 체크해야 한다. 앞에 나왔던 내용과 반대되는 부분은 문제로 출제되기 좋다.

과학/기술 지문 같은 경우에는 'A가 커질수록 B는 작아진다'와 같은 관계식이 많이 나타난다. 이러한 관계식은 따로 메모를 해서 정리해두었다. 개념이 서로 정비례 관계인지, 반비례 관계인지 파악하는 것은 자주 출제되는 문제 유형 중 하나기 때문이다.

예전에는 따로 메모하는 것이 시간 낭비라고 생각했는데, 지문 길이가 점점 길어지고 지문에서 전달하는 정보량이 많아지면서 메모를 했을 때 문제 푸는 시간을 더 효율적으로 사용할 수 있다는 것을 알았다.

지문을 분석하고 마무리하자

모든 과목에서 문제를 풀었다고 끝나는 것이 아니라 왜 틀렸는지 아는 과정이 반드시 필요하다. 특히 국어 비문학 파트에서는 지문을 분석하는 것까지가 비문학 공부의 마무리라고 할 수 있다. 나는 지문의 근거와 선지를 하나씩 대응하는 일명 '일대일 대응 방법'을 사용했다.

언어가 세계를 반영하고 있다고 보았던 카르납은 세계의 진리를 밝히기 위해 언어를 논리적으로 분석하였으며, 그 과정에서 언어를 문자적 언어와 은유적 언어로 나누고(33-③) 전자는 과학과 같은 객관적 사실의 영역에, 후자는 문학과 같은 정서적 표현의 영역에 각각 고정해 두고자 했다. 카르납은 과학적이고 객관적인 사실의 영역 안에서 세계의 진리를 설명하고자 했기 때문에 그에게 시인들의 은유적 언어는 참과 거짓을 판단하는 것이 무의미한 대상에 불과했으며, 오직 문자적 언어만이 세계의 진리에 접근할 수 있는 길이라 여겼다.

이러한 카르납의 언어관과 달리 실용주의자 로티는 언어란 역사적 우연성의 산물로, 거기에는 어떤 고정적 의미나 초월적 진리가 담겨 있을 수 없다는 다원주의적 관점을 보여 준다. 언어의 의미는 대상에 의해서 정해지는 것이 아니라 언어를 사용하는 사람들에 의해 우연하게 정해지는 것으로 시대와 환경에 따라서 얼마든지 달라질 수 있다고 본 것이다. 로티는 객관적인 문자적 언어와 주관적인 은유적 언어는 명확히 구분될 수 없으며 구분해 줄 만한 기준도 존재하지 않는다고 생각했다. 언어를 구분하는 것은 대상의 본질을 지시하는 하나의 특별한 언어가 있다는 생각에서 나온 것인데, 로티는 이러한 생각이 언어의 우연적 속성에 부합하지 않는다고 본 것이다. 또한 은유적 언어는 그것이 사용된 특정한 맥락 안에서만 의미를 갖는 것일 뿐(33-③) 언어 자체가 은유적인 본질을 갖는 것은 아니라는 점에도 주목했다.

33. 윗글의 내용에 대한 이해로 가장 적절한 것은?

① 카르납은 하이데거의 언명이 객관적인 사실의 영역에서 증명될 수 있다고 여겼다.

② 로티는 언어의 우연성 안에 세계가 반영되어 있다고 보았다.

③ 카르납은 언어 자체의 의미에, 로티는 언어가 사용된 특정한 맥락에 주목했다.

④ 카르납은 문자적 언어가, 로티는 은유적 언어가 세계의 진리를 더 잘 드러낸다고 여겼다.

⑤ 카르납과 로티는 모두 객관적 언어와 주관적 언어를 구분하는 기준은 없다고 보았다.

33번의 정답이 답이 3번인 경우, 지문에서 3번 선지의 근거가 되는 부분이 어디인지 찾아 밑줄을 긋고 '33-③'처럼 표시를 해주었다. 처음 연습할 때는 가능한 모든 선지에 대한 근거를 하나씩 찾으려고 노력했다. 나의 주관적인 생각을 포함시키기보다는 지문에서 객관적으로 근거를 찾아서 문제를 푸는 습관을 기르려고 했기 때문이다. 이렇게 연습을 반복하다 보면 지문에서 근거로 자주 활용되는 부분이 어디인지 감을 찾을 수 있다.

물론 선지당 근거가 하나씩 있는 게 아니라 여러 개가 있을 수 있다. 이런 경우에는 여러 개의 근거를 모두 찾아서 표시해두었다.

많은 글을 읽고 분석해보는 연습을 해야 한다. 적어도 기출 문제는 20~30개를 풀어야 문제 유형에 대한 감이 잡힐 것이다. 글도 읽어보지 않고 남이 해주는 말만 듣고는 절대 일정 수준 이상으로 성적을 올릴 수 없다. 그렇기 때문에 단기간에 글을 잘 읽기를 바라는 것은 욕심이라고 생각한다.

글의 핵심 내용을 찾고, 글의 전반적인 구조를 이해하는 과정 모두 글을 어떻게 읽어야 하는지 스스로 깨달은 후에야 가능하다. 그러니 끈기를 가지고 다양한 분야의 글을 읽도록 하자.

★ 문학

문학은 크게 고전 시가, 고전 소설, 현대 시, 현대 소설로 나뉜다. 시대별로는 크게 고전과 현대로 나눌 수 있고, 영역별로는 크게 시와 소설로 나눌 수 있다. 시나리오나 수필도 있지만 수능에 자주 출제되는 장르인 시와 소설만 다뤄보겠다.

고전 작품 공부법

일반적으로 처음 문학을 공부하는 학생들은 현대 작품보다

고전 작품을 더 어려워한다. 고전어 해석이 안 되기 때문에 문제에 아예 접근하기조차 어려운 것이다. 특히 한자를 많이 알지 못한다면 한자어가 많이 나오는 고전 작품은 더욱 부담스럽게 느껴진다. 그렇기 때문에 가장 먼저 고전 작품에 대한 두려움을 떨쳐내는 것이 우선이다.

고전 작품을 제대로 공부하기에 앞서 우선 자주 나오는 고전 용어들을 정리해두면 좋다. 영어도 단어를 모르면 해석이 어렵듯이 고전 작품도 용어를 모르면 해석이 어렵고, 해석이 되지 않으면 문제를 풀 수 없다. 작품에서 많이 나오는 기본적인 단어가 해석되어야 작품의 주제도 찾을 수 있다. 예를 들어 '괴다'라는 말이 '사랑하다'라는 뜻이라는 걸 알아야 지금 내가 보고 있는 작품이 사랑과 관련된 이야기라는 것을 알 수 있다.

단어	뜻	단어	뜻
즈믄	천(1,000)	녀다(니다, 녜다)	가다, 지내다
백구	흰 갈매기	괴다	사랑하다
도화	복숭아꽃	벼기다	우기다, 모함하다
시비	사립문	어엿브다	불쌍하다
여름	열매	외다	그르다, 잘못되다
녀름	여름	여희다	이별하다

고전 작품에 많이 나오는 단어와 뜻

시대별 대표 작품들도 미리 숙지하고 있는 것이 좋다. 고려가요, 시조, 가사 이 세 장르는 특히 중요하다. 각 장르별로 다섯 작품 이상씩은 분석해둘 필요가 있다.

외워두면 좋은 고전 작품 정리
- **고려가요** 가시리, 동동, 청산별곡, 서경별곡, 정석가
- **시조** 고산구곡가, 도산십이곡, 만흥, 훈민가, 어부사시사
- **가사** 상춘곡, 사미인곡, 속미인곡, 관동별곡, 누항사, 만분가, 규원가

현대 작품 공부법

현대 작품은 고전 작품과 다르게 주제가 다양하다. 고전 작품은 주로 '자연 친화', '연군지정'을 주제로 다루지만, 현대 작품은 내면 심리를 복잡하게 표현하는 작품들이 많아서 주제를 단순화하기 어렵다.

그렇다고 '현대 작품은 미리 공부해봤자 헛수고네'라고 생각한다면 그렇지 않다. 주제를 단순화하기 어렵긴 해도 아예 방법이 없는 건 아니다. 주제가 다양한 현대 작품들 안에서도 자주 다뤄지는 주제가 있긴 하다. '사랑과 이별', '인간 소외', '독립에 대한 염원' 등이 대표적으로 출제되는 현대 작품의 주제들이다.

예술을 시대를 비추는 거울이라고 하듯 시대적 상황에 따라 주제가 드러나는 작품들이 시험에 자주 출제된다. 그래서 작가 혹은 시대에 따른 배경 지식을 알고 있는 것이 도움이 된다. **작품이 쓰인 시기를 알면 그 시기에 어떤 사건들이 있었는지를 떠올리면서 작가가 어떤 생각을 가지고 작품을 썼을지 추측할 수 있다. 작품을 보다 깊게 이해할 수 있는 힌트를 얻는 셈이다.**

시험에 자주 출제되는 작품들을 봤을 때, 작품이 쓰인 시기로 '일제강점기', '1970년대 산업화', '독재정치'가 많이 나타난다. 만약 '일제강점기'에 쓰인 시라면 '광복', '독립'과 같은 시어가 작품에 들어가 있을 확률이 높다. 부정적인 시어로는 '탄압', '억압' 등이 있겠다.

거기에 뚜렷한 개성과 특징을 가지고 있는 우리나라 대표 작가들에 대한 지식을 추가하면서 현대 작품 공부를 완성해가면 된다. 그 대표적인 작가로는 일제강점기 시기의 대표적인 시인으로 '윤동주'와 '이육사'가 개성 있는 특징을 가지고 있다. 윤동주 시인은 자아 성찰을 주제로 한 시를 많이 썼다면, 이육사 시인은 강인한 저항 정신을 표출하는 시를 많이 썼다. 우리나라의 수많은 작가와 작품을 머릿속에 담는 것은 불가능하지만 적어도 자주 출제되는 개성 있는 작가들의 특징을 미리 파악한다면, 처음 보는 작품일지라도 작가의 특징을 미리 알고 있어 작품에 대한 대략적인 추측을 할 수 있게 된다.

물론 배경지식만으로 작품의 모든 의미를 이해하고 해석하는 데에 한계가 있다. 그렇기 때문에 작품을 아우르는 주제를 파악하는 과정이 가장 중요하다. 더불어 시의 경우에는 화자의 정서나 태도를 살피는 것이, 소설의 경우에는 인물 간의 관계나 갈등 양상을 살피는 것이 중요하다. 모든 부분을 구체적으로 이해하기보다는 맥락을 파악하는 데 주목하자. '대강 이런 상황이구나', '긍정적인 의미구나', '부정적인 의미구나' 하는 느낌만 파악해도 시간을 단축하면서 문제를 푸는 데 많은 도움이 된다.

시 공부법

시를 분석할 때 가장 먼저 파악해야 하는 점은 시의 '주제'와 '분위기'다. 특히 정서와 관련된 분위기를 잘 읽을 줄 알아야 문제가 쉽게 풀린다. 이를 위해서 어떤 구절, 어떤 단어에서 긍정적인 뉘앙스인지 부정적인 뉘앙스인지를 파악해야 한다. 보통 화자를 중심으로 맥락을 파악할 수 있는데, 화자가 가까워지고 싶어 하거나 지향하는 것은 긍정적으로, 꺼려하거나 지양하는 것은 부정적인 뉘앙스라고 볼 수 있다.

또한 시를 분석하기 위해서는 표현상의 특징을 완벽하게 알고 있어야 한다. 예를 들어 역설법과 반어법의 차이를 알고 시에 쓰인 표현법을 알 수 있어야 한다. 표현법을 분석하는 것이 사실 작품

본연의 아름다움을 감상하는 데 있어 올바른 방법이 아닐 수 있지만, 우리는 시험을 위한 작품 분석을 하는 것이니 만큼 문제를 맞히기 위해서 표현법만큼은 제대로 공부하도록 하자.

문학 개념어를 수록한 개념서들이 많고, EBS에서도 무료로 개념 강의를 들을 수도 있으니 혼자서 공부하는 게 어렵다면 다양한 수단을 활용해서 빨리 개념 정리를 끝낼 수 있도록 하자.

소설 공부법

소설에서 먼저 봐야 할 것은 시점과 내용 전개 방식이다. '1인칭 주인공 시점', '전지적 작가 시점'과 같은 용어를 정확히 모르고 있다면 시에서 개념어를 익혔던 방식과 마찬가지로 소설 관련 개념을 우선적으로 익혀야 한다.

그 이후에 내용적인 측면으로 소설의 주제와 중심 내용을 파악해야 한다. 소설의 전문을 다 볼 필요는 없지만, 소설의 구성 5단계인 '발단―전개―위기―절정―결말' 중 출제되기 좋은 부분인 '위기'나 '갈등'이 나타나는 부분의 내용은 기억하고 있는 것이 좋다.

또한 소설에서는 등장인물의 성격과 인물 간의 관계를 파악해야 한다. 인물의 성격만 제대로 알고 있어도 앞으로 사건이 어떻게, 어떤 방식으로 전개될 것인지 예측하기가 쉬워진다. 출제되는 문제도 인물에 초점을 맞춰서 나올 수밖에 없기 때문에 인물의 성격과 내면 심리에 주목하면서 작품을 분석하자. 특히 고전 소설에서는 선한 캐릭터와 악한 캐릭터가 명확하게 구분되는 경우가 많다. 때문에 선과 악의 대립 구도를 파악하고 읽는다면 문제를 푸는 데 훨씬 쉽다. 다만 고전 소설에서 한 명의 인물을 다양한 호칭으로 부른다거나 여러 명의 인물들이 등장하기 때문에 인물 간의 관계를 놓치지 않고 이해해야 하겠다. 관계를 놓친다면 이후에 내용을 이해하려 해도 인물들이 뒤죽박죽 엉켜서 결국에는 작품을 전혀 다른 내용으로 이해할 수 있다.

마지막으로 소설을 분석하는 데 있어 '대화의 주체'를 찾아야 한다. 한 인물의 독백이든 인물 간의 대화든 누가 어떤 말을 하고 있는지 알아야 작품의 흐름을 끝까지 쫓아갈 수 있다. 그런데 생각보다 많은 학생들이 소설을 대충 읽다가 말하는 주체를 놓치고 만다. 만점을 위해서라면 소설의 흐름을 놓쳐서 아쉽게 실수하지 않도록 집중해서 작품을 보노록 하자.

★ 선택 과목

2022년부터 수능이 개정되면서 국어가 공통 과목, 선택 과목으로 나뉘었다. 선택 과목에서 고를 수 있는 것은 '화법과 작문', '언어와 매체' 두 가지다. 두 과목이 가지고 있는 특성과 장단점을 고려해 자신에게 맞는 과목으로 선택할 수 있어야겠다.

화법과 작문은 기존에 기출된 유형이 많기 때문에 문제가 어떤 식으로 출제되는지 기출 문제를 통해 살펴볼 수 있다. 강연이나 토론, 간단한 글을 읽고 일치하는 내용을 찾아서 풀면 되는데, 글을 읽는 것이 주라서 개념 공부를 많이 할 필요가 없다. 쉽게 말하면 비문학과 비슷한 느낌이지만 그보다 훨씬 더 가볍다고 생각하면 되겠다. 공부할 개념이 많지 않고 비문학과 비교했을 때 난이도가 쉬운 편이라 일반적으로 중하위권 학생들이 많이 선택하는 과목이다. 언어와 매체는 문법을 공부하는 데 시간이 걸리기 때문에 다른 과목에도 시간을 많이 투자해야 하는 중하위권 학생들에게는 부담스러울 수 있기 때문이다.

만약 다른 과목의 공부를 많이 해야 하거나 문학과 비문학이 전반적으로 약한 3등급 이하의 학생이라면 화법과 작문을 공부하는 것을 추천한다. 화법과 작문은 기출 문제를 반복해 풀어보면서 유형을 익히면 비교적 빠른 시간 내에 점수를 높일 수 있어서 전략적으로 선택하기 좋은 과목이다. 그렇다고 해서 상위권이라고 해서 무조건 언어와 매체를 선택하라는 말은 아니다. 문법이 싫거나 글 읽는 것 자체를 좋아하는 학생이라면 화법과 작문을 선택해도 좋다.

언어와 매체에서는 주로 문법 문제가 나오고, 나머지는 매체에 관한 문제가 나온다. 매체 과목은 신설된 과목이기 때문에 기출 문제가 없다. 그렇기에 대부분의 학생들이 매체 문제를 푸는 것을 어려워한다. 몇 년이 지나고 기출 문제가 많이 나오면 매체 과목도 어느 정도 적응이 될 것이다.

아무래도 화법과 작문에 비해서 문제 난이도가 높고, 매체 과목 자체가 생소하다 보니 어렵다는 평가가 있어 학생들이 잘 선택하지 않는다. 다만 상위권의 학생들은 언어와 매체를 선호하는 경향이 있다. 그 이유 중 하나는 언어와 매체가 화법과 작문보다 문제를 푸는 시간이 적게 걸리기 때문이다. 화법과 작문은 문제를 푸는 데 평균 13~15분 정도가 걸리고, 언어와 매체는 평균 11~13분이 걸린다. 문법 공부를 많이 해서 문법을 정말 잘하는 학생이라면 9분 만에 문제를 다 풀기도 한다. 선택 과목에서 시간을 줄이면 공통 과목인 문학과 비문학에서 상대적으로 시간을 사용할 수 있으니 1등급 혹은 만점을 노리는 중상위권 학생이라면 언어와 매체를 선호하는 편이다.

또한 언어와 매체 표준 점수가 일반적으로 화법과 작문보다 높은 경우가 많다. 원점수로 똑같이 100점을 받았어도 표준 점수에서 선택 과목마다 차이가 생길 수 있다. 물론 매 시험마다 언어와 매체의 표준 점수가 높으리라는 보장은 없지만, 일반적으로 언어와 매체의 등급컷이 화법과 작문에 비해 낮은 편이다.

그래서 점수를 따져보고 언어와 매체를 선택하기도 한다.

시험을 볼 때 긴장을 많이 하거나 멘탈이 약한 학생이라면 언어와 매체를 선택하길 추천한다. 멘탈 관리가 잘되지 않는 학생들의 경우 화법과 작문을 선택해 글을 읽고 문제를 풀다가 실수할 확률이 높다. 그렇다면 차라리 개념적 지식으로 푸는 언어와 매체 과목을 택하는 편이 더 나을 수 있다. 문법 문제는 자신이 얼마나 알고 있는지, 얼마나 공부했는지 확연하게 드러나는 영역이라 알면 맞히고 모르면 틀린다.

글 읽는 것이 부담스러워서 언어와 매체를 선택하는 중하위권 학생들도 많은 만큼 각 선택 과목의 특성을 고려해 자신에게 가장 맞다고 생각되는 선택 과목을 고를 수 있어야 한다.

화법과 작문 공부법

화법과 작문은 총 11문제가 출제된다. 유형별로 분류하면 크게 '화법', '화법+작문 융합형', '작문' 세 파트로 나뉜다. 화법과 작문의 각 유형과 출제 특성을 미리 알고 있으면 문제를 풀 때 도움이 되니 각 유형별로 살펴보도록 하자.

강연과 발표가 나오는 초반부 '화법' 문제는 대체적으로 난이도가 그렇게 높지 않다. 지문에서 일상적인 주제를 다루거나 충분히 이해 가능한 내용을 다루기 때문에 문제에서 물어보는 내용을 지문에서 찾아서 풀면 된다. 강연의 주제를 대략적으로 파악하되 비문학에서처럼 내용을 하나씩 대응시켜 찾아주면서 디테일을 놓치지 않는 것이 문제를 푸는 포인트다.

〈보기〉를 활용한 문제도 자주 출제되는데, 〈보기〉만 읽고도 근거가 나오는 경우가 많으니 〈보기〉를 꼼꼼하게 읽고 답을 골라야 한다.

다음으로 나오는 유형은 '화법+작문 융합형' 문제다. 여기에서는 토론을 하고 글을 쓰는 유형의 문제가 자주 출제된다. 사회자와 토론자가 나와서 하는 토론도 있지만, 학생들끼리 번갈아가며 이야기하는 방식의 토의와 토론도 자주 등장한다. 학생이 여러 명 등장하는 경우에는 누가 어떤 말을 하고 있는지 알아차리지 못하면 실수하기 쉽다. 그래서 각각의 학생이 어떠한 의견을 냈는지, 서로의 의견을 어떻게 평가하고 있는지 꼼꼼하게 살펴볼 수 있어야 한다. 예를 들어서 학생1은 학생2의 의견에는 반대하지만 학생3의 의견에는 동의한다고 치자. 모두가 누군가의 의견에 전부 동의할 수도 있지만 일부만 동의할 수도 있다. 이렇게 토론의 양상을 활용한 문제도 자주 출제되는 만큼 토론의 양상이 어떻게 흘러가는지도 정확히 파악하고 있어야겠다.

대략적인 양상을 모두 파악한 뒤에는 토론한 내용이 글에 반영되었는지를 살펴보아야 한다. 기본적으로 내용이 지문에 있는지를 보고, 토론에서의 내용과 글쓰기의 내용이 서로 일치하는지 하나씩 확인해야 한다. 오답이 꽤 나오는 유형이기 때문에 절대 대충 읽지 말고 시간이 조금 걸리더라도 꼼꼼하게 근거를 찾는 연습을 하는 것이 좋다.

마지막으로 나오는 유형이 바로 '작문'이다. 보통은 보고서나 건의문의 형태로 지문이 나온다. 작문 문제는 작문의 목적이나 예상 독자를 파악한 후 지문 속 내용에서 근거를 찾아주면 된다. 비문학과 가장 유사한 형태의 문제 유형이지만 비문학보다 정보량이 많지 않고 문제가 어렵지 않게 출제되니 조금은 편하게 생각하고 문제를 풀면 된다.

다만 자료를 활용한 문제들도 출제되는데, 자료에 그래프나 인터뷰 내용이 실리다보니 이를 어렵게 생각하는 경우가 많다. 그래프나 표가 나오더라도 그 안에서 필요한 정보만 비교해서 문제를 풀면 된다. 그러니 자료를 전문적으로 분석해야 한다는 압박감은 떨쳐버리자. 자료의 내용을 간단하게만 재해석해주면 된다.

예를 들어 과자를 좋아하는 사람 중 여성의 비율이 70%, 남성의 비율이 30%라는 자료가 있다. 이것을 보고 '여성이 과자를 더 좋아하는구나' 정도의 해석만 해도 충분히 문제를 풀 수 있다. 이보다 더 고차원적인 해석이나 계산은 국어가 아닌 다른 분야의 문제다.

어느 정도 정확성이 올라가서 다 맞거나 한 문제를 틀리는 정도의 실력이 되면 시간을 염두에 두고 문제를 푸는 연습을 해야 한다. 보통 연습할 때 13분을 기준으로 두고 시간 안에 문제를 다 풀 수 있도록 타이머를 재고 의식해서 푼다면 시간을 줄이는 데 도움이 될 것이다.

언어와 매체 공부법
○ 언어

문법은 크게 '음운', '단어', '문장' 세 파트로 나뉜다. 음운은 자음과 모음, 나아가 음운의 변동까지 다룬다. 단어에서는 품사와 파생어와 합성어, 그리고 단어의 의미에 대해 다룬다. 마지막으로 문장에서는 문장 성분과 함께 이어진 문장과 안긴문장에 대해 다룬다. 또한 다양한 문장 표현으로 시제나 높임, 피동과 사동 표현을 다루기도 한다. 각각의 개념들을 순서대로 정확히 배워야 문제를 풀 수 있다.

독학을 하고 싶다면 문법 개념서를 보면 되지만 사실 문법을 처음 공부할 때 혼자서 하기란 어려운 일이다. 그래서 인터넷 강의 등의 방법을 함께 이용하기를 추천한다. 하나의 개념 공부가 끝났다면 그 개념에 해당하는 기출 문제는 필수로 풀어야 한다. '음운의 변동'이라는 단원을 공부했다면 그 단원에 해당하는 기출 문제를 적어도 10문제 이상은 풀어야 내가 배운 내용을 제대로 이해했는지 확인해볼 수 있다.

만약 기출 문제가 잘 풀리지 않는다면 해당 개념을 다시 복습해야 한다. 그래서 문법은 보통 2~3회독을 해줘야 안정적인 점수를 받을 수 있다. 이전에 풀었던 문제더라도 지속적으로 오답 정리를 하면서 다시는 같은 문제를 또 틀리지 않도록 해야 한다. 문법은 수학이나 탐구 영역처럼 개념이 명확하게 있는 영역이기 때문에 틀리지 않을 때까지 반복, 또 반복해야 한다.

반면에 이해가 아닌 무조건 암기해야 하는 부분도 있다. 예를 들어 어미나 접사, 조사와 같은 개념들은 문법에서 매우 중요하게 다뤄지는데, 그중 어미의 종류나 조사의 종류는 미리 외워두어야 나중에 문제를 풀 때 수월하다. 그러니 처음에는 조금 힘들더라도 정확히 이해하고 암기하는 노력이 필요하다.

ㅇ 매체

매체라고 하면 일반적으로 신문과 같은 인쇄 매체, 라디오와 같은 음성 매체, 텔레비전과 같은 영상 매체, SNS와 같은 뉴미디어를 일컫는다. 매체 영역에서는 이러한 매체들끼리 비교하며 매체의 특성을 물어보거나 특정 매체가 가진 효과에 대해 물어보기 때문에 각각의 매체들이 갖고 있는 특징들을 정리해두는 것이 좋다. 대표적으로 많이 출제되는 유형이 종이 신문과 인터넷 신문의 비교다. 종이 신문은 인쇄 매체고 인터넷 신문은 뉴미디어이기 때문에 서로 공통점이 있지만 차이점이 큰 매체이기도 하다. 신문은 생산자와 수용자의 관계가 일방향적이지만, 뉴미디어는 관계가 쌍방향적이다. 실시간으로 댓글을 달거나 소통할 수 있기 때문이다. 이 외에도 여러 차이점이 있으니 꼼꼼히 살펴보도록 하자.

신설된 과목이라 기출 문제가 부족한 만큼 언어와 매체를 선택한다면 사설 모의고사를 풀어보는 것도 좋은 방법이다. 최근에는 매체 문제만 수록한 사설 모의고사도 있으니 활용해보면 좋겠다.

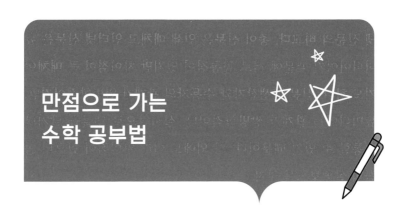

만점으로 가는
수학 공부법

수학이라고 하면 고개부터 젓는 학생들이 많을 거라 생각된다. 나 역시 오랜 시간을 '수포자'로 지냈다. 숫자는 가능한 멀리 하고 싶었고, 수학 내신 성적이 8등급까지 나올 정도로 수학에 손을 놓았다.

하지만 문과생이든, 이과생이든 끝까지 피할 수 없는 과목이 바로 수학이라는 것을 알게 되고 미친 듯이 공부를 시작했다. 전교 352등으로 앞에서 등수를 세는 것보다 뒤에서 세는 것이 빠른 위치였지만, 많은 시간을 수학 공부에 쏟고 시행착오를 거친 후에 수능에서 만점을 받을 수 있었다.

수학 문제 앞에서 무서워하거나 겁먹지 말자. 자신의 실력을 알고 뒤이어 소개하는 공부 방법들을 묵묵히 실천하다 보면 더 이상 수포자 타이틀을 가지고 있지 않아도 된다.

★ 개념부터 차근차근 쌓자

고등학교 3학년 3월 모의고사에서 48점을 받고 그 해 수능에서 수학 100점을 받았다. 수능 성적을 보고 많은 사람들이 내가 단기간에 수학 성적을 엄청나게 올릴 수 있었던 방법에 대해 궁금해 했다.

평소 국어와 영어에는 관심이 있었지만, 수학에는 전혀 흥미가 없는 수포자였다. 수학 내신이 8등급까지 내려갔으니 수학 때문에 대학을 못 갈 뻔하기도 했다. 수학을 피할 수만 있다면 끝까지 피하고 싶었지만, 원하는 대학교에 가기 위해서는 수학을 놓을 수는 없었다. 그래서 고2 겨울 방학부터 본격적으로 수학 공부에 돌입했다. 처음으로 제대로 수학 공부를 하고 봤던 고3 3월 모의고사에서 48점이라는 점수를 받았다. 과연 이대로 해서 수학 점수가 오를 수 있을까 의심도 했다. 수능까지 1년도 채 안 남은 시점에서 할 수 있는 거라곤 열심히 노력하는 일뿐이었다.

결론부터 말하자면 마침내 수능에서 꿈에도 그리던 100점을 받게 되었다. 불가능하게만 보였던 일도 결국 해낼 수 있다는 것을 수학을 공부하는 과정에서 깨달았다.

뻔한 공부법처럼 들리겠지만, 그만큼 몇 번을 강조해도 모자란 것이 바로 처음에는 개념을 탄탄히 쌓아야 한다는 것이다. 나는 고2 겨울 방학 때부터 본격적으로 수능 범위의 개념 공부를 하기 시작했다. 처음에는 학원을 다니며 공부했지만 학원 수업을 따라 잡기가 어려워서 방법을 바꿔서 인터넷 강의를 이용해 스스로 공부하기로 했다. 당시에 유명하다는 인터넷 강의 사이트에 들어가서 가장 인기가 많은 강사의 강의를 무작정 찾아 들었다.

그런데 문제는 중학교부터 고2 과정까지의 개념이 비어 있으니 고3 과정에서 배우는 개념들이 하나도 이해되지 않았다. 남들은 수능 공부를 준비하는 사이에 나는 중학교 과정부터 시작해야 한다는 조급함과 불안감이 들었지만, 그런 고민을 할 시간마저도 없었다. 우선 중학교부터 고1 과정까지의 개념을 빠르게 공부해야 했다. 시간이 부족했기 때문에 모든 부분을 꼼꼼하게 공부하지는 않았고, 수능에서 필요한 부분을 위주로 공부했다. 예를 들어 '닮음비'나 '역함수'와 같은 개념들은 고3 과정에서 주로 다루는 부분은 아니었지만 종종 출제되는 개념이었기 때문에 다시 돌아가서 공부를 했다.

우선 전반적으로 필요하다고 생각되는 개념들은 인터넷 강의나 개념서를 이용해 1회독을 한 뒤 문제를 풀었다. 수능 범위가 아닌 부분들은 문제를 많이 풀지는 않았다. 개념서에 수록된 문제를 풀거나 단계별, 난이도별로 문제를 풀 수 있는 문제집을 구매해 기본 문제 위주로 풀었다. 이때 하루에 10시간 정도를 수학 공부에 쏟고 보니 1~2주 만에 고1 범위까지 어느 정도 끝낼 수 있었다. 당연히 완벽히 개념을 쌓지는 못했다. 완벽하게 익히기보다는 빨리 전체 범위를 훑자는 생각이 강했기 때문에 고1 범위까지 끝내놓은 뒤 바로 고2 개념으로 넘어갔다.

그런데 진짜 문제는 지금부터였다. 고2 과정으로 넘어오니 개념 강의를 아무리 들어봐도 이해되지 않는 부분이 너무 많았다. 물론 문제는 거의 풀리지 않았다. 개념서만 보고 독학해보려 해도 지금 내 수준에서 독학으로 커버하기엔 무리였다.

남들보다 뒤처진 거리를 따라잡으려 안 해본 것이 없었다. 인터넷 강의를 듣고 문제를 풀어보라는 조언을 많이 들어서 한 강의를 두세 번씩 돌려 들었다. 그러다 보니 조금씩 이해되는 것들이 생기기 시작했다. 만약 이해가 부족하다 싶으면 친구들에게 물어보면서 어떻게든지 이해하고 넘어가려 했다.

하지만 아무리 노력해도 문제가 풀리지는 않았다. 왜 그럴까 고민해보았는데, 개념 강의를 듣는 데에만 급급한 나머지 실제로 문제를 많이 풀지 않아서 개념은 알지만 문제에 적용하기가 어려웠다.

★ 개념 공부에 문제 풀이를 더하자

개념만 빠삭하게 알고 있다고 해서 끝이 아니다. 그것을 문제에 정확하게 적용해서 정답을 맞히는 것이 중요하다. 개념을 어느 정도 차근차근 쌓아왔다면 다음으로는 개념 공부와 문제 풀이를 병행하는 과정으로 넘어가자.

수포자였던 기간이 길었고, 개념도 워낙 부족했기 때문에 개념 공부를 완전히 끝내놓고 나중에 문제를 풀어야겠다고 미뤘는데, 어느 순간 그렇게 도피만 해서는 성적이 달라질 리 없다는 생각이 들었다. 그래서 개념 인강을 하나 듣고 나면, 그 파트에 해당되는 문제를 최소 10개 이상씩 풀었다.

처음에는 어려운 문제가 아니라 기본 문제를 위주로 풀었고, 문제가 풀리지 않으면 다시 인강을 돌려 봤다. 문제를 풀면서 다시 개념을 살펴볼 수 있어 복습 효과가 있었다. 이렇게 꾸준히 공부하다보니 어느샌가 기본적인 문제들을 풀 수 있게 되었다. 심화 문제는 개념을 전체적으로 한 번 쭉 공부하고 나서 풀자는 마음으로 조급해하지 않고 우선 고3 범위까지 개념 인강을 한 번 들으며 기본 문제를 풀었다.

개념을 한 번 정리한 후에는 본격적으로 문제 양치기를 시작했다. 다른 친구들에 비해 문제 풀이 경험이 많이 부족해 그들과의 격차를 줄이기 위해서는 더 많은 문제를 풀어야 했다. 일주일에 500문제를 풀었고, 많이 풀 때는 1,000문제를 풀기도 했다. 그 과정이 정말 눈물 나도록 힘들고 괴로웠다. '왜 진작 공부하지 않았을까…' 하는 후회가 미친 듯이 밀려왔지만 후회하기엔 이미 늦은 뒤였다.

답을 작성하는 노트를 따로 만들어서 1번부터 1,000번까지 적어가면서 문제를 풀었다. 당연히 안 풀리는 문제가 많았고, 한 문제를 푸는 데 한 시간이 걸리기도 했다. 그중에서도 아무리 붙들어도 풀리지 않는 문제가 생기면 질문하는 사이트에 게시글을 올려놓거나 친구들에게 질문했다.

문제를 푸는 와중에도 개념 인강은 빼먹지 않고 두세 번씩 반복해서 들었다. 다른 과목보다 현저히 오랜 시간을 수학에 공을 들였다. 정말 신기하게도 문제 푸는 양을 늘리면서 개념을 반복하니 문제 푸는 방법이 보였고, 이해되지 않던 것들이 이해되어갔다. 어떤 과목이든 반복하고 체화하는 것이 가장 중요하다는 사실을 뼈저리게 느꼈다.

개념을 반복해서 보며 익히고, 문제를 통해 그 개념을 완전히 익히는 과정이 내 수학 성적을 상승시켜준 비법이었다. 같은 인강을 세 번 이상 보고, 똑같은 문제집을 다섯 번 이상 풀면서 적어도 인강에서 가르쳐준 개념과 문제집의 내용은 내 것으로 완벽하게 익히려고 끊임없이 노력했다.

특히 수능 수학에서는 자주 기출되는 유형들이 있다. 그 유형의 문제만큼은 수능에서 만났을 때 막힘없이 풀 수 있도록 특정 유형을 집중적으로 공부하기도 했다. 그 결과 6월 모의고사에서 3월에 받았던 48점이란 점수를 84점으로 뒤집었다. '노력은 배신하지 않는다는 말을 이런 거구나' 싶었다. 이렇게 꾸준히 공부한다면 성적이 더 오를 수 있을 거라고 확신했다.

하지만 다음 7월 모의고사에서 다시 점수가 60점대로 떨어지면서 또 한 번의 좌절이 찾아왔다.

한국교육과정평가원에서 주관해 그 해 수능 출제 경향을 엿볼 수 있는 6월 모의고사와는 달리 7월 모의고사는 각 시도 교육청에서 주관한다. 그래서 어느 정도 성적 차이가 날 수 있지만, 그래도 이렇게까지 다시 점수가 떨어지다니 '이렇게 끝난 건가' 하는 생각에 며칠 동안 충격에 빠져 있었다.

그러나 아직 수능까지 시간이 남아 있었다. 부족한 실력을 채우면 되니까. 본격적으로 심화 공부를 하기로 결심했다.

★ 양과 질을 모두 잡아야 1등급을 완성한다

이전까지 기본 문제를 많이 풀었다면, 1등급을 위해서는 양뿐만 아니라 질을 높이는 데에도 주목해야 한다. 그래서 고난이도 문제들을 풀기 시작했다. 단계별로 나눠져 있는 문제집에서 가장 어려운 문제들을 골라서 풀거나 고난이도 문제만 담긴 문제집을 사서 풀었다.

고난이도 문제를 풀 때는 하나의 개념만 필요한 게 아니라 여러 개의 개념을 복합적으로 적용해야 했다. 그런데 그 적용이 안 됐다. '지금 내 앞에 문제를 풀기 위해서는 어떤 개념을 적용해야 하지?' 알아내는 게 너무 어려웠다. 그러다보니 한 문제를 푸는 데 기본 30분~1시간이 걸렸고, 그렇게 시간을 들였는데도 결국 답을 내지 못해 해설을 보기 일쑤였다.

그러나 해설에 의존하면 실력이 늘지 않는다는 생각에 한 번 풀리지 않는 문제는 끝까지 놓지 않고 파고들었다. 반드시 이 문제는 정답을 맞히고 넘어가겠다는 생각 하나만으로 고민하고 또 고민하고 나니 어느 순간 밥을 먹으면서도 '그게 왜 그렇게 되더라?', 화장실에서도 '그래프 모양이 왜 그렇게 나오더라?', 꿈에서조차 수학 문제가 나올 정도였다.

그런데 신기하게도 한동안 이런 경험을 하고 나니 문제가 조금 더 잘 눈에 들어왔다. 내게도 드디어 '이 문제는 이렇게 풀면 되겠구나' 하는 감이 찾아온 것이었다.

이제부터는 단순히 기계처럼 문제만 풀 게 아니라 풀리지 않는 문제에 오랜 시간 고민하고 내 힘으로 풀어내는 과정이 필요하다는 것을 깨달았다.

문제를 푸는 양도 중요하지만, 문제의 질도 중요했다. 그래서 답이 나오지 않아 골치가 아프더라도 그 시간을 아까워하지 않고 심화 문제를 푸는 데에 많은 시간을 투자했다. 그 결과 9월 모의고사에서 다시 성적을 높여 1등급을 받을 수 있었다.

★ 단순 암산을 틈틈이 하자

심화 문제에 집중하다보니 생긴 문제가 바로 암산 실수였다. 고차원적으로 생각하고 여러 개념들을 적용해 문제를 풀었는데, 정작 가장 기본적이고 단순한 암산에서 실수가 생겼다.

다른 것도 아닌 암산에서 실수를 해서 문제를 틀렸을 때가 가장 억울했다. 그러나 내가 문제 풀이는 제대로 했지만 암산에서 아깝게 실수를 한 거라고 수능에서 따질 수도 없는 노릇이었다. '가위'에서 모음만 바꾸면 '거위'라는 전혀 새로운 단어가 되는 것처럼 암산 하나를 잘못하는 순간 전혀 다른 답이 때문에. 그래서인지 수능이 코앞으로 다가왔을 때 다른 것보다 시험에서 암산 실수를 하게 될까 봐 너무나 불안했다.

수능을 한 달 남기고 매일 기본 문제를 20개씩 풀면서 감각을 잃지 않도록 노력했고 불안감을 아예 없앨 수는 없었지만 불안감의 크기를 줄일 수는 있었다.

계산에 실수하지 않고 늘 깨어 있는 감각을 유지하기 위해서는 한 번에 많은 문제를 풀기보다는 자주, 꾸준히 푸는 습관을 들이는 게 더 좋을 것 같았다. 하루에 기본 문제 20개, 심화 문제 세 개 정도로 양을 정해서 매일 하루도 빠짐없이 풀었다. 마지막으로는 실전 모의고사로 시간을 체크하며 연습도 하고, 시험 실전 감각을 최대한 끌어올리는 쪽으로 집중했다. 물론 이건 수능 시험 공부법이지만, 내신 공부 또한 비슷한 루틴으로 한다면 도움이 많이 될 것이다.

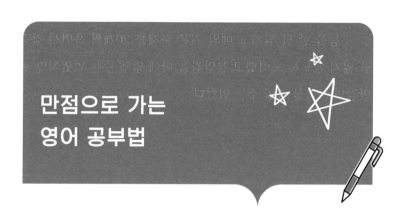

만점으로 가는
영어 공부법

2교시 수학 시험을 마치고 한 시간의 점심시간 후에 3교시 영어 시험이 이어진다. 당연한 말이지만 영어 영역은 한글이 아닌 영어 지문이다 보니 지문이나 문제에서 모르는 단어나 문법 등이 나오면 쉽게 당황하게 된다. 더군다나 언어이다 보니 공부해야 할 양이 너무 광범위하고, 어디서부터 공부해야 하는지 감을 잡지 못하는 학생들이 많다.

하지만 영어도 언어이니 만큼 국어 공부와 비슷한 부분들이 있다. 자주 접하고 미리 정리해두고 익힌다면 영어에 대한 고민을 덜 수 있을 것이다.

★ 어휘

어휘는 영어 공부의 절반 이상을 차지할 만큼 정말 중요한 영역이다. 문법을 아무리 공부하고 구문 독해 연습을 많이 해도 단어의 뜻을 모른다면 해석 자체가 되지 않기 때문이다.

그런데도 영어 단어를 외우는 일은 귀찮고 어렵다. 무작정 외우려면 막막한 영어 단어를 어떻게 하면 조금 더 효율적으로 외울 수 있을까?

우선 단어는 외우면 외울수록 암기 속도가 빨라진다. 그래서 초반에는 조금 힘들더라도, 무작정 외워보는 연습이 필요하다. 나는 단어를 소리 내서 읽고 손으로 써보며 온 감각을 사용하면서 영단어 암기를 했다.

암기하고 난 다음에는 잘 외웠는지 확인해야 하는데, 시험지가 따로 있는 게 아니라 내 스스로 암기하고 평가까지 하기가 어려웠다. 그래서 셀프 시험지를 만들어 암기 내용을 확인해야 했다.

종이를 크게 네 부분으로 나눠서 영단어를 적는 칸①, 뜻을 적는 칸②을 구분한다. 그 다음 단어 칸③에 외운 영단어를 채워 넣고, 그 뒤에 영단어를 보고 뜻④을 적으며 시험을 보는 식이었다.

단어 ①	뜻 ②	단어 ③	뜻 ④
ability	능력	ability	
believe	믿다	believe	
calculate	계산하다	calculate	

이렇게 시험을 보면 여러 번 복습하는 효과가 있어 더 오래 기억에 남았다.

이 외에도 단어의 원리를 공부하는 것도 도움이 된다. dis-나 un-의 단어들은 부정어를 나타내는 경우가 많은 것처럼 알아두면 좋은 접사들이 있다. 특히 처음 공부하는 학생들은 기본적이 어휘량이 부족할 테니, 접사들에 대해서 공부해두면 나중에 더 빨리 단어를 익힐 수 있다. 귀찮다고 미루지 말자. '오늘 하루만 쉬지 뭐' 하고 넘어가면 외워야 할 양이 엄청나게 불어난다. 귀찮다고 미루지 말고 하루에 10~20개씩 틈틈이 외우자.

어느 정도 단어를 외웠다면 다음으로 지문을 통해 단어를 자연스럽게 익히는 것이 좋다. 이것은 독해력과도 관련이 깊다. 이전에는 단어장을 보고 무작정 외웠다면, 지문 속 단어를 익히는 것이 기억에 더 오래 남기 때문이다. 글을 통해 단어를 보면 앞뒤 문맥에 따라 어느 정도 단어의 뜻을 유추할 수 있고, 지문 내용과 함께 '그 지문에 그런 단어를 봤었지' 하며 단어도 떠올려볼 수 있기 때문이다.

다시 한 번 강조하지만 영어의 시작은 단어라는 점을 꼭 기억하고 어휘력을 키워야 한다.

★ 독해

독해 연습을 많이 하면 자연스럽게 어휘력도 올라가기 때문에 영어로 된 글을 많이 읽어보는 연습이 중요하다. 그런데 한글로 된 비문학 지문도 이해하기가 어려운데 영어로 된 글은 얼마나 힘든 일인지 굳이 말하지 않아도 수험생이라면 다들 공감할 것이다. 그래서 처음부터 긴 지문을 소화하려 하지 말고 구문을 독해하는 연습부터 해야 한다.

보통은 문장이 어떤 구조로 이루어져 있는지 살펴보면 된다. 예를 들어 분사구문이 사용된 문장은 해석하기가 어려우니 해석 순서를 따로 배워두자. 문법적인 내용을 알고 있으면 도움이 된다. 문장 구조가 잘 파악되지 않는다면 단어들을 단순하게 나열해서 직독직해하는 방법도 괜찮다.

'I want to eat pizza.'라는 문장이 있다고 하자. 이때 '나는 / 원한다 / 먹는 것 / 피자'라고 단순하게 끊어서 해석해도 어느 정도 의미는 통한다. 하지만 이런 식으로는 복잡한 문장을 해석하는 데 한계가 있으니 이후에는 꼭 문장 구조에 맞춰 해석하는 연습을 하자.

나는 내신과 수능 공부를 할 때 주로 교과서와 해설지를 비교해가며 내가 하는 해석이 맞는지를 확인했다. 교과서에 있는 지문과 해설지에 쓰인 해석을 한 줄 한 줄 대응시키며 여러 번 읽었고, 시험 범위에 해당하는 부분은 요령 없이 그냥 달달 외웠다. 하나의 문장과 그 문장에 해당하는 해석을 통으로 외워버리는 방법은 막무가내로 보일지 모르지만, 문장을 통째로 외워두면 나중에 비슷한 구조의 구문이 나왔을 때 비슷한 방식으로 해석할 수 있었다.

　기본적인 문장 정도는 해석하게 되어 영어 실력이 오른 뒤에는 구체적인 해석은 아닐지라도 맥락을 통해 '대충 이런 내용이겠구나' 하는 문장 해석이 가능해졌다.

　국어든 영어든 지문의 내용을 전부 파악할 필요는 없다.

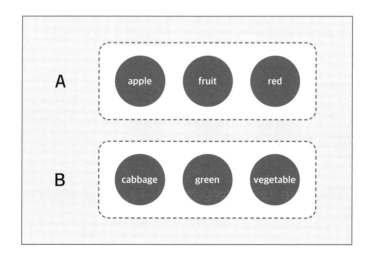

예를 들어 'apple', 'fruit', 'red'를 A 그룹으로, 'cabbage', 'green', 'vegetable'을 B 그룹으로, 이렇게 비슷한 특징을 가진 개념들을 서로 묶어준다. 앞서 국어 비문학 독해 방법에서 같은 맥락의 단어끼리 구조화하는 과정과 같다.

일일이 단어의 뜻을 파고드는 것보다는 큰 맥락으로 해석하다 보면 부담을 덜고 해석할 수 있게 될 것이다.

영어든 국어든 언어인 만큼 본질적으로 문제를 푸는 방식은 서로 통한다. 오히려 문법에 집착하면서 끊어 읽고 번역기처럼 하나하나 해석하려 들면 지문에서 말하고자 하는 본질을 놓치게 된다.

★ 듣기

듣기 영역은 따로 시간을 내서 공부하기가 애매하다. 그렇지만 공부를 안 하자니 은근히 신경 쓰이는 영역이기도 하다.

중학교 때까지 자기 전에 영어책 CD를 틀어놓고 자는 버릇이 있었다. 언어는 기본적으로 많이 들을수록 실력이 오를 수밖에 없어서 어렸을 때부터 영어를 자주 접했던 게 도움이 많이 되었던 것 같다.

영어 듣기는 미리 연습해두자. 만약 시간이 없는 학생이라면 어휘나 독해에 시간을 들여야겠지만, 학년이 낮을수록 듣기에 공부 시간을 투자하는 것이 나중을 생각했을 때 큰 도움이 될 것이다. 나는 듣기 공부 초반에는 들은 내용을 따라서 말하는 섀도잉이나, 들은 내용을 받아쓰는 딕테이션 연습을 많이 했다. 딕테이션은 시간이 조금 오래 걸리고 손이 아프기도 하지만 그만큼 들은 내용을 정확하게 확인할 수 있어서 꼭 한 번 해보기를 추천한다.

당장 수능을 앞둔 수험생이라면 영어 듣기 기출 문제집으로 일주일에 두 번, 30분 정도를 투자해 문제 유형도 정리해보길 바란다. 따로 시간을 내기 어렵다면 자투리 시간을 활용하면 좋은데, 나는 주로 대중교통을 타고 이동할 때나 자기 전에 영어 듣기 파일을 들었다. 주로 EBS 본문이나 단어 녹음 파일이었다.

중학생이나 고1, 2학년 학생들이라면 교과서 파일을 자주 듣기를 추천한다. 내신에도 도움이 되고 나중에 수능 공부를 위해서라도 좋겠다.

★ 문제 풀이 스킬

단순히 단어나 독해 공부로 채워지지 않는 문제들이 분명히 있다. 이를 극복하기 위해서는 유형별로 어떻게 문제를 푸는지 스킬을 알아야 한다.

수험생들이 많이 어려워하는 유형이 바로 '주제/제목 찾기', '빈칸 추론', '순서 배열'을 묻는 문제들이다. 그러나 어떤 유형이든 공통적으로 지문에 반드시 문제에 대한 근거가 나온다는 사실을 기억한다면 매번 오답으로 속을 썩이던 문제들도 정답을 맞힐 수 있을 것이다.

'주제/제목 찾기' 문제 같은 경우에는 전체 주제를 관통하는 키워드가 무조건 선지 안에 들어 있고, '빈칸 추론' 문제는 지문에서 강조했던 키워드와 비슷한 의미를 가진 단어가 선지에 있다.

다만 '빈칸 추론' 유형의 경우에는 함정이 많긴 하다. 빈칸에 들어갈 내용이 전체 키워드와 반대되는 의미의 단어일 때도 있고, 아니면 단어 자체를 그냥 헷갈리게 출제하기도 한다. 예를 들어 'priceless'라는 단어는 'less'의 뜻 때문에 언뜻 생각하면 '가치 없는'으로 해석할 수 있지만, 이 단어는 그런 의미와 정반대로 '값을 매길 수 없는', '대단히 귀중한'의 뜻으로 해석된다. 이렇게 헷갈릴 만한 단어들은 따로 정리해 암기해두자.

마지막으로 '순서 배열' 문제는 앞뒤를 연결시킬 접속사나 지시어를 공부해두어야 한다.

어느 정도 독해 공부가 되었다면 본인에게 부족한 유형과 관련된 스킬들에 대해 따로 공부한다면 1등급에 한 걸음 가까워질 것이다.

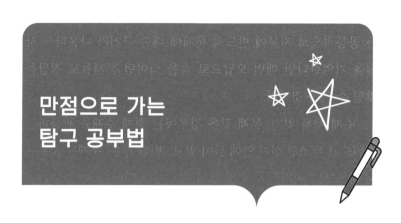

만점으로 가는
탐구 공부법

　우선 나는 사회 탐구 과목으로 '사회문화'와 '생활과 윤리'를 선택했기 때문에 소개하고자 하는 탐구 공부법은 사회 탐구 영역에 해당된다. 사회 탐구 공부법은 암기 과목 공부법과 통하는 부분이 많아서 알아두면 다른 과목을 공부하는 데에도 활용할 수 있다.

　사회 탐구 조합을 선택하는 팁을 주자면, 나처럼 무난하게 암기량이 적은 과목을 공부하고 싶다면 '생활과 윤리'와 '사회 문화'를 선택하는 것이 좋다. 다만 철학을 좋아하는 친구라면 '생활과 윤리', '윤리와 사상'을 선택해서 두 과목의 연계성을 활용하는 것도 좋다. 그리고 암기에 강한 친구들이라면 '사회 문화'와 '한국 지리' 혹은 '한국 지리'와 '세계 지리'를 많이 선택한다. 나머지는 취향이라고 생각한다. 역사를 좋아하거나, 경제 혹은 법 등을 좋아한다면 해당되는 과목을 선택해도 좋을 것이다.

★ 전체적인 숲을 보자

탐구 영역에서는 교과서와 자습서 활용이 가장 중요하다. 먼저 교과서 보는 방법부터 알아보자.

교과서를 볼 때에는 처음부터 나무를 보려 하지 말고 전체적인 숲을 보자. 공부해야 하는 부분을 간략하게 보여주는 부분이 바로 목차다. 교과서를 보면 대단원, 중단원, 소단원 순서로 목차가 나뉘어 있는데, 목차만 보더라도 대략 그 단원에서 주로 다루는 핵심 개념들을 파악할 수 있다.

처음부터 세세하게 나무 한 그루 한 그루를 보려 하지 말고 핵심이 되는 개념들 위주로 교과서 내용을 살펴보아야 한다. 그리고 무작정 암기하기보다는 교과서와 자습서를 여러 번 읽는 것이 좋다. 무작정 외우더라도 오래 기억에 남는다면 상관없다. 하지만 그렇지 않다면 같은 내용을 2~3회독 이상 하면서 자연스럽게 내용을 이해하고 기억하는 편이 좋다.

★ 작은 것도 놓치지 말자

각 단원마다 핵심 개념을 파악했다면 이제부터는 부가적인 부분들을 암기하면 된다. 당연히 평소 학교 수업시간에 선생님께서 말씀하시는 내용들을 꼼꼼히 필기해두어야 놓치는 부분이 생기지 않을 것이다. 만약 필기가 되어 있지 않다면 친구에게 부탁해서라도 꼭 필기를 채워야 한다.

필기 내용이 완성되었다면 앞선 전체적인 핵심 내용 암기와 마찬가지로 2~3회독을 하면서 암기하도록 하자.

내용을 잘 외웠는지 확인하기 위해 셀프 시험지를 만들기도 했는데, 교과서를 복사해서 외워야 하는 부분에 화이트 칠을 한 뒤에 화이트 칠을 한 종이를 다시 복사했다. 그러면 외워야 하는 부분이 가려진 셀프 시험지가 완성된다. 조금은 번거로울 수 있지만, 교과서를 통째로 외우면서 빈틈없이 공부하는 느낌이 들어 뿌듯하기도 하고, 가장 기본이 되는 교과서 내용을 전부 알고 있다는 생각에 불안감도 많이 줄어드는 효과가 있었다.

★ 단권화로 1등급을 만들다

이 방법은 상위권 학생들이 많이 사용하는 방법인데, 그만큼 검증받은 공부 방법이라고도 할 수 있다. 나 역시 단권화 효과를 톡톡히 받아서 탐구 영역에서 안정적으로 1등급을 받았다.

우리가 공부하는 책들은 여러 권이다. 교과서, 자습서, 평가 문제집, EBS 교재, 그 외의 교재들까지. 이 내용들을 한 권에 정리하는 것이 바로 단권화다. 여러 권의 책들을 매번 일일이 살펴보지 않고 단권화한 책 한 권만 살펴보면 되니까 시간을 절약할 수 있다는 장점이 있다.

물론 단권화를 하는 과정에서 시간이 꽤 걸리기는 한다. 하지만 이것을 단점이라고도 할 수 없는 것이 단권화를 하는 과정 속에서 우리는 분명히 공부 내용을 익히기 때문이다.

노트에 기본적으로 교과서 내용을 구조화해서 옮겨 적은 뒤에 개념을 단순히 노트에 옮겨 적는 과정에서도 암기 효과가 생겼다. 배웠던 내용을 눈으로 다시 확인하고, 손으로 옮겨 적으니 당연히 공부가 될 수밖에 없었다. 개념을 모두 옮겨 적은 다음으로는 교과서에는 없지만 자습서에 필기되어 있는 내용들을 추가적으로 노트에 옮겨 적었다. 그렇게 같은 방식으로 평가 문제집에만 있는 내용, EBS 교재에만 있는 내용들을 한 권에 추가로 옮겨 적었다.

SNS에서 하나의 게시물에 여러 개의 해시태그를 다는 것처럼 단권화를 하고 나니 하나의 개념에 여러 개의 내용들이 담겼다. 필기를 추가하면서 공부 내용들을 계속 보게 되니까 자연스레 기억에 오래 남았다.

탐구 영역은 다른 영역과 비교해 시험에 나오는 범위가 정해져 있다. 일정 수준 이상의 개념은 물어보지 않기 때문에 시험 범위에 해당하는 내용들만 완벽하게 숙지한다면 충분히 만점을 받을 수 있다.

4장

수능을 앞둔 수험생의 자세

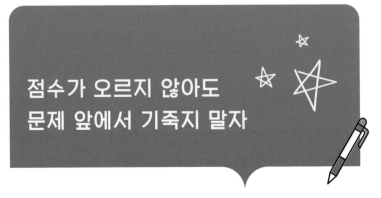

점수가 오르지 않아도
문제 앞에서 기죽지 말자

시험을 볼 때 가장 중요한 것은 '자신감'이다. 아무것도 해내지 못할 것 같아 불안하다면 하나만 생각해보자. 처음부터 무엇이든 완벽하게 잘하는 사람은 없다. 성공한 사람들은 그만큼의 노력을 했고, 원하는 목표를 이루기 위해 많은 시간을 들였다.

모두들 시작은 부족하고, 실수도 한다는 사실을 기억하자. 나만 그런 것이 아니라 나와 경쟁하는 다른 수험생들도 똑같이 힘든 시간을 보내고 있고, 부족한 실력을 완벽하게 채우기 위해 노력하고 있는 중이다. 그러니 자신감을 가져야 한다. 불안해할 시간에 생각을 바꿔 더 노력해야 한다. 거창한 목표가 아니라 하루에 한 문제라도 더 풀려고 노력한다면 조그만 노력들이 쌓여서 결국에는 큰 결과로 돌아올 것이다.

어느 날 스트레스가 끝까지 달했을 때 문득 이런 생각이 들었다. '이깟 종이 쪼가리가 뭔데 내 인생을 이렇게 힘들게 할까.' 그동안 수능이라는 시험을 너무 어렵게만 여기지 않았나 싶었다. 수능은 고등학생 수준에서 풀 수 있는 문제로 나올 거고, 분명 나도 충분히 풀 수 있는 문제가 나올 것이었다. 조금은 부담감을 덜고 마음의 여유를 가지고 문제를 쉽게 보려고 노력했다. '다 내가 풀 수 있는 문제다'라고 생각하면 문제를 조금 더 쉽게 보는 데 도움이 되었다.

그래서 문제를 푸는 과정 못지않게 틀린 문제를 분석하는 과정도 중요하다. 오답 정리를 열심히 하고 문제를 분석하는 데 힘을 쏟은 이유는 자신감을 기르기 위함이었다. 틀린 문제 중에서는 정말 어려워서 틀린 문제도 있겠지만, 충분히 풀 수 있었는데도 틀린 문제도 많다. 해설지의 내용을 한 줄 한 줄 꼼꼼하게 읽으며 이해되지 않는 부분이 없을 때까지 공부하다 보면 '분석해보니까 나도 충분히 풀 수 있는 문제였네'라는 생각이 들었다.

그렇게 되면 문제가 점점 만만하게 보인다. 다음번에 충분히 맞힐 수 있는 문제라는 자신감이 생기는 것이다. 수능은 모두 사람이 출제한 문제고, 한 발짝 떨어져서 보면 종이 한 장에 불과하다.

우리가 문제 앞에서 가져야 할 태도가 한 가지 더 있다. 바로 조급해하지 않는 것이다. 하루 이틀 공부해서 눈에 띄게 성적이 오른다면 모든 수험생들이 좋은 성적을 받아야 한다. 하지만 성적은 조금 공부한다고 해서 오르지 않는다. 성적이 쭉쭉 오르다가도 어느 순간 성적이 오르지 않는 시기도 있고, 그 슬럼프를 극복하기 위해서는 힘들지만 더 노력을 기울여야 할 때도 있다.

운동을 하는 친구에게서 이런 말을 들은 적이 있다. 달리기를 하다 보면 숨이 막혀서 더 이상 못 뛸 것 같은 순간이 오는데, 그때 한 번만 꾹 참고 달리면 갑자기 숨이 트이면서 호흡량이 많아진다고 한다. 공부도 마찬가지다. 여기서 더 이상은 안 될 것 같다는 생각이 들 때 한 번만 참고 문제를 붙잡고 있으면 분명히 정답으로 가는 길이 보인다. 10분을 생각해서 답이 나오지 않는다면 15분 동안 고민하고 생각해보자. 10문제를 풀어서 성적이 오르지 않는다면 20문제를 풀자.

공부는 많이 한다고 해서 절대 손해를 보지 않는다. 하는 만큼 반드시 성과가 있다. 다만 그 성과가 곧바로 보이지 않으니 너무 조급해하지 말자. 문제에 휘둘려 초조해하고 조급해하지 말고 오직 '할 수 있다'는 마음으로 나 자신을 믿고 나아가자.

끝이 보이지 않는 터널에 들어간다고 생각하면 터널 앞을 서성거리기만 할 뿐, 터널 안으로 들어갈 용기조차 사라지지 않을까? 긴 터널일지라도 그 끝에 밝은 빛이 있다고 믿고 앞으로 걸어가자. 쓰러져서 포기하지만 않는다면 분명 원하던 목적지에 도착하게 될 것이다.

수능을 위한
몸을 만들자

　수능 전날에는 피할 수도 없이 시험이 정말 코앞에 다가왔다는 생각에 평소보다 긴장감이 고조돼서 침대에 누워 눈을 감아도 잠이 오지 않을 것이다. 겨우 잠이 들어 시험 당일이 되면 아침밥도 잘 넘어가지 않고, 시험장에 도착해서는 심장이 터질 듯이 쿵쾅거려서 평소만큼의 실력 발휘를 하지 못할지도 모른다.

　수능에서는 세상 모든 운이 내게 와서 모르는 문제도 떡하니 맞아도 모자란데 평소만큼의 실력도 쏟아내지 못한다면 얼마나 억울한가. 그러니 긴장감에 사로잡혀도 쉽게 무너지지 않도록 컨디션을 유지해야 한다.

컨디션이 규칙적인 사람은 웬만하면 수능 당일에도 무난한 컨디션을 유지한다. 그런데 잠드는 시간이 들쑥날쑥하고 식사 시간이 불규칙한 생활 패턴을 가진 사람이라면 시험 당일에 컨디션이 좋을 확률이 낮다. 그렇기 때문에 적어도 일찍 자고 일찍 일어나는 패턴은 지켜야 한다.

일반적으로 밤 12시 이전에 자고 아침 6시쯤 일어나는 것이 좋다. 새벽 늦게까지 공부를 하면 늦게 잔 만큼 늦게 일어나게 되는데, 기상 시간을 수험 시간표와 비교해보자. 우리의 뇌는 시험지를 받는 순간부터 가동해야 할 게 아니라 시험을 보기 전부터 깨어 있어야 한다. 운동선수들이 경기에 들어가기 전에 굳어 있는 몸을 풀고 워밍업을 하는 것처럼 우리의 뇌도 최상의 실력을 발휘하기 위해서는 일찍 일어나서 워밍업을 할 수 있는 시간이 필요하다.

더불어 수능을 위해 무언가를 더 하는 것이 아니라 하지 말아야 하는 것들을 피하고 자제하는 것이라고 생각했다. 그 대표적인 것이 바로 과도한 낮잠 자기를 경계하는 것이다. 낮잠을 자면 수면 패턴이 무너지고, 도미노가 우르르 무너지듯 연쇄적으로 식사 시간이나 화장실에 가는 시간도 전부 계획한 것과 달리 무너진다.

야식을 먹거나 핸드폰을 보다 잠드는 행동도 비슷하다. 배가

고파 늦은 시간에 야식을 먹으면 다음 날 피로도가 쌓이고, 핸드폰을 보다가 잠에 들면 그날 공부했던 내용이 잘 떠오르지 않는 것은 물론이고 다음 날 더 피곤해진다.

수능을 앞두고 주의해야 하는 행동들
- ☑ 늦게 자고 늦게 일어나는 패턴을 버리자.
- ☑ 불규칙적인 식사 시간을 바로잡자.
- ☑ 오랜 시간 낮잠을 자지 말자.
- ☑ 늦은 시간에 야식 먹는 것을 피하자.
- ☑ 핸드폰을 하다가 잠에 들지 말자.
- ☑ 게임이나 웹툰처럼 중독성이 있는 것들을 멀리하자.
- ☑ 친구들과의 약속은 수능 이후로 미루자.

그동안 공부해온 노력들을 수능을 앞두고 망가뜨리지 않기를 바란다. 간혹 재수를 하는 수험생들 중에서 수능을 100일 앞두고 100일주를 마시기도 하는데, 절대 말리고 싶다. 간절한 마음 없이 잘된 사람도 있겠지만, 그런 사람은 극히 드물다. 수험생이기 때문에 하지 말아야 하는 것들이 너무나 많겠지만 수능을 끝내고 입시에 성공해서 친구들과 마음껏 놀 수 있으니 정신력으로 버티고 참아보자.

하지 말아야 하는 행동 외에 매일 영양제를 챙겨 먹는 일처럼 컨디션 관리를 위해 꾸준히 해야 하는 행동들도 있다. 간단한 스트레칭과 달리기, 목과 어깨 근육을 풀어주는 일이다.

오랜 시간 공부를 하다 보면 그만큼 스트레스와 피로가 축적된다. 나도 모르는 사이에 몸이 상해 있을 수 있는데, 시험이 다가올수록 몸 상태를 좋게 유지해주어야 집중해서 수능에서 좋은 결과를 얻을 수 있다. 만약 여건이 된다면 가족에게 간단한 마사지나 맛있는 음식을 부탁하면서 몸과 마음에 얻은 스트레스를 잠시나마 날려버리는 것도 좋다.

> **수능을 앞두고 지키면 좋은 행동들**
> ☑ 간단한 스트레칭을 하자.
> ☑ 한 번씩 맛있는 음식을 먹으며 스트레스를 풀자.
> ☑ 식사 패턴을 확인하고 유지하자.
> ☑ 휴식 시간에는 명상이나 누워 있으면서 생각을 비우고 긴장을 풀자.

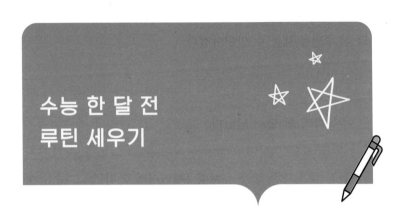

수능 한 달 전 루틴 세우기

수능이 한 달밖에 남지 않았을 때는 아무래도 공부에 집중이 깨질 수 있다. 그렇게도 열심히 공부했지만 막상 시험이 코앞으로 다가오니 부담감이 커지고, 어느 정도 공부를 해둔 상태이긴 하지만 시험 전까지 무엇을 더 해야 할지 불안해지기도 한다.

그런데 이 시기에 집중력을 잃으면 지금까지 해왔던 노력들이 전반적으로 흔들리기 쉽다. 한 달이라는 시간이 짧게 느껴지겠지만, 생각보다 많은 것을 할 수 있는 귀중한 시간이다. 이 시간을 헛되게 낭비하지 않도록 일주일 간격으로 나누어 수능 한 달 전 루틴을 세울 수 있어야겠다.

★ 수능 4주 전

수능까지 한 달이 남았다. 이 시기에는 평가원 기출 문제 중에서 안 푼 것이 있는지 확인해야 한다. 과목별로 최소 5개년의 기출 문제를 풀어보기를 추천한다. 보통 1개년이라고 하면 그 해 6, 9월 모의고사와 수능을 풀어보는 것이다. 1년당 세 개의 시험이 출제되니 5개년이면 최소 15개의 시험을 풀어봐야 한다.

기출 문제를 모두 풀었다면 다음 순서는 개념서를 모두 살펴보며 자신이 어떤 부분에서 약한지 확인하는 것이다. 수능은 어느 정도 정해진 범위가 있어서 일주일이면 내가 어떤 부분을 더 보완해야 하는지 찾을 수 있다. 특히 개념이 명확한 수학이나 탐구 영역은 목차별로 내용을 살펴보며 그동안 내가 어려웠다고 생각했던 부분을 확인할 수 있다. 국어에서 비문학 경제 지문이 약하다고 생각된다면 경제 지문 위주로 문제를 더 풀어보고, 영어 과목에서 빈칸 추론이 약하다고 생각된다면 빈칸 추론 문제를 더 많이 풀어보면 된다.

사실 이렇게만 해도 일주일이 금방 지나갈 것이다. 만약 시간 여유가 된다면 그동안 풀었던 문제집에서 틀렸던 문제들을 다시 모아 오답 정리를 해주자. 틀렸던 문제를 다시 풀었는데도 또 틀릴 수 있다. 알 때까지 공부해야 비로소 그 내용이 내 것이 된다는 것을 명심하자. 아무리 해설지를 봐도 답이 나오지 않을 때에는 주저하지 말고 선생님이나 인강 등을 이용해 문제를 해결하고 넘어가야 한다. 괜찮겠지, 하고 넘어간 오늘의 그 문제를 한 달 뒤 수능 시험지에서 다시 만나지 않도록 말이다.

★ 수능 3주 전

이 시기에는 본격적으로 사설 모의고사를 연습하는 것이 좋다. 꼭 사설 모의고사가 아니더라도 교육청 기출 모의고사나 LEET와 같은 외부 시험으로 연습해도 괜찮다. 수능 2주 전부터 실전 연습을 늘릴 것이기 때문에 이때는 모의고사 연습을 많이 하기보다는 두세 개 정도가 적당하다.

수능 4주 전까지 평가원 기출 문제는 많이 풀어보기 때문에 이제부터는 그동안 자주 접하지 않았던 고난도 문제도 살펴보아야 한다. 3주 뒤에 있을 수능이 어렵게 나올 것을 대비해 최대한 많은 유형의 문제를 살펴보는 것이다. 특히 국어, 영어는 실제로 수능 시험 당일 지문을 볼 때 체감 난이도가 올라가기 때문에 고득점을 받기 위해서는 반드시 낯선 지문을 많이 봐야 한다. 또한 EBS 연계가 많이 되는 과목이므로 연계 교재를 외워두자.

국어에서는 문학 작품 위주로 외워야 하는데, 고전 시가는 미리 현대어 해석을 공부해두면 시험에서 만났을 때 유용하므로 반드시 외우도록 하자. 이 외에 현재 작품이나 소설은 작품 전부를 외우기보다는 주제와 줄거리, 인물 관계와 특성 등 주요하게 외워야 할 것들을 위주로 기억해두면 된다.

영어는 가급적이면 지문 내용을 암기해두어야 한다. 지문의 첫 문장만 봐도 그 지문이 어떤 내용이었는지 떠올릴 수 있도록 말이다. 어렵다면 적어도 EBS에 기출된 단어들은 전부 암기해야 한다. 지문을 암기하기 위해 MP3 파일을 매일 들으면서 다니기도 했고, 하루에 30분씩을 들여서 지문 세 개를 소리 내서 읽으면서 지문 내용을 암기했다. 그중에서도 문제를 풀 때 내용을 이해하기 어렵다고 생각되었던 지문들은 더 많이 보고 읽으면서 익숙해지도록 만들었다.

★ 수능 2주 전

3주 전에는 외부 지문을 통해 문제 유형을 파악했다면 수능 2주 전부터는 본격적으로 실전 모의고사를 풀자. 그리고 이 시기에는 시간 분배에 초점을 맞춰야 한다. 수능은 결국 시간 싸움이라서 시간을 컨트롤하는 능력이 굉장히 중요하다. 1~2일 간격으로 모의고사를 풀면서 자신이 어떤 유형에서 문제를 푸는 시간이 오래 걸리는지 미리 파악해두자. 국어 영역을 예로 들면 평균적으로 한 문제를 푸는 데 2분이 넘어간다면 시간이 오래 걸리는 편이다. 문제를 풀다가 시간을 오래 쓴다는 느낌이 들면 다음 문제로 넘어갈 수 있는 용기도 필요하다.

이때부터는 국어, 수학, 영어뿐만 아니라 탐구 과목에도 슬슬 신경을 써야 한다. 탐구 과목은 암기 과목이다 보니 벼락치기로도 효과가 있다. 단권화를 해둔 노트가 따로 있다면 노트를 살펴보면서 평소에 잘 외워지지 않았던 부분을 다시 정리해서 외우자. 확실히 암기를 마쳤다면 책을 읽으면서 전 범위 개념을 다시 점검하면 된다. 문제집에도 개념이 정리되어 있는 부분이 있으니 개념 정리가 요약적으로 된 부분이라도 다시 한 번 읽어보면서 혹시나 놓쳤던 개념은 없는지 전반적으로 살펴보자. 제2외국어를 응시하는 학생들은 탐구 과목을 공부하는 것과 마찬가지로 주요 개념과 단어를 암기하면 된다.

★ 수능 1주 전

수능을 일주일 남기고 마음이 뒤숭숭하고 공부하는 데 집중도 잘 되시 않을 것이다. 이 시기에는 멘탈만 잘 붙잡고 있어도 절반은 성공이다. 과하게 공부를 하기보다는 여유를 가지고 평소에 하던 대로 생활하는 게 가장 좋다.

하지만 평소와 똑같이 지내기가 초조하고 불안하다면 모의고사를 더 풀어보면서 실전 감각을 유지하자. 모의고사를 다 풀기가 부담스럽다면 미니 모의고사 형태로 절반만 풀어도 괜찮다. 총 45문항인 국어 문제 중에서 20문항 정도만 풀거나 수학 30문항 중에서 하루에 15문항 정도로 조절하는 것이다. 그리고 남는 시간에는 암기를 완벽하게 마무리하자. EBS 국어 문학 작품, 영어 지문, 탐구 개념 등은 반드시 외우고 수험장에 들어가야 하니 이 부분을 완벽하게 암기하는 것이 좋겠다. 하지만 이 시기에 갑자기 너무 어려운 문제를 풀면 문제가 풀리지 않아 당황스럽고 멘탈이 혼란스러워질 수 있으니 무난한 문제들을 풀면서 자신감을 올리도록 하자.

휴식 시간에는 이미지 트레이닝을 하면 좋다. 핸드폰은 멀리 하고 수능 당일에 어떤 상황이 생길지, 어떤 모습으로 문제를 풀어나갈지 계속해서 상상하면서 대처 능력을 기르는 것이다. 그동안 공부했던 것들에 집중해서 수능 당일에 마음껏 실력을 쏟아낼 수 있기를 바란다.

**실전 감각을
극대화하라**

　수능에서 최선의 결과를 내고 싶다면 시험 당일까지 실전 감각을 극대화시켜야 한다. 실전 감각을 극대화하라는 말은 컨디션을 최대한 끌어올려 시험에서 지금껏 자신이 노력한 만큼의 실력을 발휘하라는 의미이기도 하다.

　몸 관리도 중요하지만 실전 감각을 극대화하기 위해서는 흔들리지 않는 실력까지 겸비되어야 하는데, 실전 모의고사 연습을 많이 해보는 것이 가장 큰 도움이 되었다.
　수능 시간표에 맞춰서 전 영역 실전 모의고사를 풀면 문제 푸는 감각이 올라간다. 연습하면 할수록 문제당 시간 분배를 어느 정도로 해야 할지, 어떤 유형에서 자주 틀리는지 체크하면서 자신의 약점을 보완해나갈 수 있다.

나는 국어 영역에서 문학보다 비문학을 더 어려워해서 다른 영역에서 시간을 줄이고 비문학에 더 많은 시간을 쏟았다. 문학 공부 시간을 30분에서 25분으로 줄이고, 대신에 비문학을 35분으로 늘리면서 문제를 푸는 데 걸리는 시간을 나에게 맞는 방법으로 분배해갔다.

실전 모의고사를 푼 다음에는 틀린 문제에 대한 정확한 분석이 이루어져야 한다. 오답 분석은 모의고사 문제를 다 풀고 난 이후인 저녁에 하는 것이 좋다. 우선 해설지를 참고해 틀린 문제를 다시 풀어보고, 틀린 문제와 연관된 유형의 문제도 더 풀어보면 좋다. 그리고 특별히 취약하다고 생각되는 유형이 있다면 그 부분은 더 많이 기출 문제를 풀자. 예를 들어 '거듭제곱근'과 관련된 문제를 자주 틀린다면 유형별 문제가 담긴 기출 문제집을 구매해서 '거듭제곱근' 관련 문제를 모두 풀면 된다.

평소에 1, 2등급이 나오는 학생이라면 9월 모의고사 이후 1~2일 간격으로 실전 모의고사를 푸는 것이 좋고, 3등급 이하의 학생들이라면 아직 개념 공부를 더 해야 할 수 있기 때문에 3~4

일 간격으로 실전 모의고사를 푸는 것이 좋다. 재수학원 등에서 모의고사를 온라인으로 구매할 수 있으니 매년 출제 회사가 달라질 수 있다는 점을 고려해서 실전 모의고사를 풀기를 바란다.

내가 이토록 실전 모의고사를 강조하는 이유는 삼수를 하면서 그 효과가 빛을 발했기 때문이다. 그때 수능에서 너무 긴장한 탓인지 1교시 국어 시험 시간에 집중이 잘되지 않았다. 지문 내용을 어느 정도 이해하면서 글을 봐야 답에 대한 확신이 생기는데 흰색은 종이, 검은색은 글씨였을 뿐 어떤 내용인지 전혀 눈에 들어오지 않았다.

하지만 평소에 많은 문제를 풀면서 훈련이 되어 있었기에 이내 눈과 손이 알아서 문제를 풀고 있었다. 긴장해서 집중을 못해도 기계처럼 연습했던 덕분에 몸이 기억하고 문제를 풀어나간 것이다.

세 번째 수능을 마치고 나서야 평소에 문제를 많이 풀어두는 것이 얼마나 중요한지 절실히 알게 되었다. 그러니 여러분도 실전 모의고사 연습으로 수능에서 흔들리지 않고 내 실력을 모두 발휘할 수 있기를 바란다.

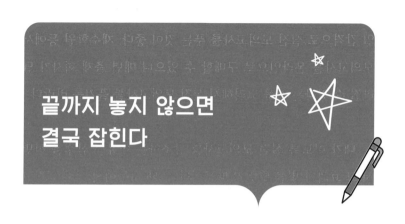

끝까지 놓지 않으면
결국 잡힌다

오랜 수험생활을 지나오면서 깨달은 중요한 사실은 놓지 않으면 결국 잡힌다는 것과, 끝까지 간 사람이 이긴다는 것이었다. 누누이 강조하지만 포기하지 않는다면 아직 끝난 게 아니다. 성공인지 실패인지 결정지을 수 있는 사람은 남이 아닌 바로 나다. 내가 멈추지만 않는다면 아직 실패라고 단정하기엔 이르다. 그러니 반드시 한계 이상까지 도달해보려고 노력했으면 좋겠다.

삼수를 하면서 '호랑이 굴에 들어가도 정신만 차리면 산다'는 속담을 입에 달고 살았다. 멘탈이 흔들리고 무너질 것만 같을 때마다 그 속담을 가슴 깊이 새기며 정신을 똑바로 차리려 했다. 그러면 나를 끈질기게 괴롭히고 풀리지 않을 것만 같았던 문제도 실마리가 보였다.

저기 50m 앞에 초록불이 켜진 횡단보도가 있다고 상상해보자. 신호등이 빨간불에서 초록불로 바뀌자 횡단보도 앞에 서 있던 사람들은 여유롭게 길을 건너간다. 그런데 이때 나는 길 건너는 것을 포기하고 방금 전까지의 속도로 걷는다면 절대 횡단보도를 건널 수 없다. 하지만 이번 신호에 꼭 건너겠다고 생각하고 그 순간부터 다리에 힘을 싣고 달리기 시작하면 좀 더 빠르게 건너편에 도달할 수 있다. 그런 느낌이었다.

내가 할 수 있는 최선을 다하면 분명 좋은 결과가 따라왔다. '안 되겠지' 하고 지레짐작하고 제자리에 멈춰 있거나 적당히 걸으면 원하는 목표에 갈 수 없다. 그런데 끝까지 가보겠다며 힘을 내서 달리다 보면 어느새 목표에 도달할 수 있었다.

너무나도 간절한 꿈이었던 만큼 최선을 다해 노력했고, 그 꿈에게 부탁하기도 했다. 나는 종교가 없었지만, 그래도 세상에 무언가 초월적인 존재가 있지 않을까 하고 하늘에 대고 기도했다. 삼수를 할 때는 정말이지 안 빌어본 신이 없었다. 꿈을 꼭 이뤄야겠으니 제발 좀 도와달라고. 나를 조금만 예쁘게 봐서 한 번만 도와달라고.

　독학으로 수능을 준비하며 나 자신을 엄격하게 관리한 이유
도 마찬가지였다. 하늘에 있는 누군가가 항상 나를 내려다보고
있을 거라고 생각해서였다. 열심히 공부하면 수능에서 한 문제
라도 더 맞게 해줄 거라고, 게으르면 그 대가로 수능에서 아는
문제도 실수하게 만들 거라고… 터무니없는 생각 같지만 간절했
기에, 절실했기에 가능했다.
　하루는 하늘에 대고 마음속에 있는 말들을 쏟아냈다. 어떤 신
이라도 좋으니 나를 봐달라고, 도와달라고, 할 수 있는 만큼 부
끄럽지 않게, 당당하게 노력할 테니 제발 지켜봐달라고. 그렇게
수능 전 일주일 동안을 매일 기도했다.

　나의 절실함이 통했던 걸까. 실제로 시험에서 예상보다 좋은
결과를 받기도 했고, 대입 합격에 있어서 어느 정도의 운이 작용
했던 것 같기도 하다.
　정말 신이 존재하는지 아닌지는 아직도 잘 모르겠다. 사실 크
게 중요하지도 않다. 어쩌면 내가 그토록 바랐던 그 신은 나 자신
이었던 건지도 모른다. 나 자신에게 끊임없이 할 수 있다는 주문
을 걸고, 괜찮다고 위로를 건네고, 나를 믿으라고 북돋아주었다.

정말 이루고픈 꿈이 있다면 끝까지 놓지 말고, 나 자신을 믿고 나아가면 반드시 그 끝에는 내가 생각한 장면보다 더 밝고 행복한 장면들이 기다리고 있을 것이다.

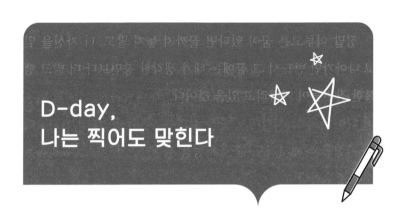

D-day,
나는 찍어도 맞힌다

수능 전날까지 자만하지 않고 공부했다면, 수능 당일에는 어느 정도의 자신감을 가져도 된다. 시험을 만만하게 생각하고, '내가 다 풀 수 있는 문제다'라고 생각하자. 문제가 어려울 거라고 불안해하는 순간 집중도 안 되고, 오답으로 빠질 위험도 크다. 그동안 많이 연습하고 공부해왔으니 의심하지 말고 내가 다 아는 문제라고 마인드 컨트롤해야 한다.

첫 수능을 볼 때는 경험이 없어서 오히려 더 자신감을 가지고 문제를 풀 수 있었다. 1교시 국어 시험에서 찍은 문제가 6문제가 넘었는데도, 찍은 문제는 다 맞혔을 거라 믿고 나머지 시험까지 마쳤다. 찍은 6문제를 모두 틀렸다는 건 웃긴 이야기지만 말이다. 그래도 그 당시만 따져보면 그때 멘탈을 잘 유지한 덕분에 뒤이은 수학 시험에서 좋은 성과를 낼 수 있었다. 그러니 다음 시험을 위해서라도 항상 시험을 볼 때는 자신감을 유지하는 것이 중요하다.

세 번째 치른 수능에서는 오히려 두 번의 수능을 봐서인지 '이번에는 정말 잘 봐야 하는데'라는 부담감과 긴장감이 자신감을 갉아먹었다. 아니나 다를까 1교시 국어 시험이 너무 어려워서 문제를 풀면서 내내 좌절하고 말았다. 그냥 포기하고 시험장을 뛰쳐나갈까 수없이 고민하다 문득 이런 생각이 들었다.

'국어 시험을 잘 봤을 수도 있는데, 만약 여기서 포기해버린다면 너무 아깝지 않을까?'

혹시나 국어 시험을 잘 봤을 수도 있다는 생각에 자리에 남아 2교시 수학 시험도 열심히 풀어나갔다. 그렇지만 수학도 만만치 않았다. 2교시가 끝나고 무슨 맛인지도 모르게 점심을 먹으면서도 같은 생각이 머릿속을 끊임없이 맴돌았다.

'만약 국어랑 수학을 둘 다 운 좋게 잘 봤는데 여기서 포기한다면? 그건 너무 아깝잖아.'

분명 내가 할 수 있는 최선의 준비를 했는데 탐구 과목에 이어서 제2외국어까지 마무리하는 동안 어느 하나 쉬운 과목이 없었다.

　'삼수까지 힘들게 왔는데, 이 정도면 찍은 문제도 맞힐 수 있도록 하늘이 도와주겠지. 마지막으로 믿어보자.'

　나는 마지막까지 나를 믿었고, 비로소 마지막 기회를 성공으로 끝냈다. 좋은 성적으로 꿈에도 그리던 목표를 이뤘으니.

　스스로를 믿지 못해서, 두려워서 포기했더라면 서울대 합격이라는 결과는 상상도 하지 못했을 것이다. 그러니 실전에서 당황스러운 일이 생기더라도 끝까지 가능성을 놓지 말자. 근거 없는 자신감일지라도 나는 무조건 찍어도 맞힌다는 자신감으로 시험지를 마주하자.

에/필/로/그

입시밖에 몰랐던 10대를 지나
20대는 새로운 시작이었다

　수험생 때는 대학교에 가는 것이 인생의 전부인 줄 알고 살았다. 좋은 대학교에 가지 못하면 실패한 인생이라고 착각하며 그것이 삶의 유일한 목표인 것처럼 굴었다. 물론 그렇게 간절하게 바랐기 때문에 수험생활을 성공적으로 마쳤다고 할 수 있겠다. 그렇지만 좋은 대학교만을 바라는 것은 세상을 너무나도 좁은 시야로 바라보는 나의 잘못된 태도였다. 우리가 좋은 대학교를 가기 위해 노력하는 이유는 좋은 직장을 구할 수 있어서만이 아니었음을 대학교에 입학하고 나서야 깨달았다.

대학교를 잘 간다고 인생이 내 뜻대로 잘 풀리지는 않는다. 다만 원하는 대학교에 가고 나니 내가 속한 집단에 대한 만족감이 생기고, 그 덕분에 자존감이 올라갔다. 내가 그렇게도 원하던 학교였던 만큼 목표를 이뤘다는 성취감이 내 삶의 질을 높여주었다. 내가 강조하고 싶은 건 입시 자체가 중요하다기보다는, 내가 원하는 대학교에 가기 위해 노력하고 목표를 이뤄내는 과정 중에서 얻게 되는 소중한 가치들이 많다는 것이다.

　　지금의 수험생활이 도망치고 싶을 만큼 무척 힘들고 괴로운 친구들에게 말해주고 싶다. 물론 수험생활이 절대 즐겁지 않다. 하고 싶은 것도 통제하고, 슬럼프도 견디면서 내 모든 것을 쏟아부어야 한다. 나의 수험생활이 그랬듯 좋은 대학교를 가기 위해서는 지독한 노력을 기울여야 했다. 쏟아지는 졸음도 참아가고, 때로는 너무한 게 아닐까 싶을 정도로 나 자신에게 윽박지르기도 했다. 하지만 몇 번의 좌절 끝에 결국 좌절을 발판 삼아 성공을 이룬 나는 이전의 내 모습과 비교해 훨씬 더 크고 단단한 사람이 되어 있었다.

　　주어진 상황에서 최선을 다할 수 있는 사람인 '나', 노력해서 원하는 목표를 이룰 수 있는 '나'임을 경험하고 난 후에 나는 새로운 도전 앞에서 겁먹지 않고 자신감을 가지고 나아가는 힘을 얻었다. 힘겨웠던 나의 수험생활을 만족스럽게 끝내려 했던 이유도 바로 이 때문이었다. 내가 하는 경험이 실패가 아니라 성공으로 끝나는 것. 그래서 패배주의에서 벗어나 나는 무엇이든 할 수 있는 사람임을 증명하고 싶었다.

덕분에 대학교에 가서도 어떤 일이든 자신감을 가지고 맡은 역할을 다할 수 있었다. 원래 성격대로였다면 소심해서 발표도 하기 싫어했던 나지만, 이제는 내게도 무엇이든 할 수 있다는 도전 정신이 생겼다.

그중 하나가 바로 유튜브 활동이었다. 유튜브를 통해 많은 구독자와 소통하고 공유할 수 있었다. 같은 과 동기들을 모아서 모의고사 문제를 직접 만들어보기도 했다. 삼수 때의 마음과 경험을 20대에도 그대로 이어받아 새로운 것을 계속해서 찾고 도전하기를 즐기게 된 것이다. 낯선 일들을 시작할 때마다 힘들고 불안한 시간들이 여전히 있긴 하지만, 이제는 그것을 이겨낼 수 있는 힘 또한 내 안에 있다는 것을 알기에 예전처럼 불안하고 두렵기보다는 새로운 도전을 통해 변화할 내 모습이 더 기대가 된다.

내 앞에 닥친 길고도 짧은 수험생활을 기회라 생각하고 최선을 쏟아붓자. 남들도 하니까 분위기에 못 이겨 따라 하며 만족스럽지 못한 대학교를 다니면서 20대를 행복하게 보내기는 어렵다. 이것은 비단 공부에 한정된 이야기는 아닐 것이다. 자신이 최선을 다하고픈 분야가 있다면 그 부분에 정말 자신의 모든 것을 걸고 최선을 다하라는 것이다. 힘든 상황 속에서도 고통과 어려움을 이겨내고 흘린 땀방울이 인정받는 과정 자체가 20대 이후의 삶을 풍요롭게 만들어줄 것이다.

나는 앞으로 나의 30대와 40대, 그 이후의 시간들이 굉장히 궁금하다. 매일 새로운 것에 도전하고 경험하며 다이내믹한 인생을 살고 있고, 내가 원하는 꿈에도 점점 가까워지는 기분이 들어 매일 아침이 설렌다. 아마 삼수 생활을 성공적으로 마무리하지 못했다면 지금 같은 모습으로 살고 있었을까? 아마 아닐 거라고 생각한다.

내 인생을 소중하게 생각하고 하루하루를 행복하게 보내기를 바란다. 상투적인 말처럼 들리겠지만 힘든 시간이 지나고 나면 반드시 더 밝은 미래가 기다리고 있을 테니까.

수능 상위 0.1%의 비밀

펴낸날 초판 1쇄 2021년 8월 27일
         2쇄 2021년 9월 30일

지은이 이의정

펴낸이 강진수
편 집 김은숙, 김도여
디자인 임수현

인 쇄 (주)사피엔스컬처

펴낸곳 (주)북스고 **출판등록** 제2017-000136호 2017년 11월 23일
주 소 서울시 중구 서소문로 116 유원빌딩 1511호
전 화 (02) 6403-0042 **팩 스** (02) 6499-1053

ISBN 979-11-6760-007-3   13370

책 출간을 원하시는 분은 이메일 booksgo@naver.com로 간단한 개요와 취지, 연락처 등을 보내주세요.
Booksgo♩는 건강하고 행복한 삶을 위한 가치 있는 콘텐츠를 만듭니다.